dtv

W0041191

Montessori-Erziehung – ist das nicht was für kleine Kinder? Keineswegs, denn Maria Montessori hat in ihrem »Erdkinderplan« Anregungen auch für die Jugenderziehung formuliert. Claudia Schäfer, Erziehungswissenschaftlerin mit Montessori-Diplom, zeigt, wie man Montessoris Ideen im oft nervenaufreibenden Alltag mit Teenagern umsetzen kann. Dabei gilt es, die Entwicklungsphasen der Jugendlichen zu verstehen und zu berücksichtigen, auf ihre Eigenkräfte zu vertrauen und negative Bewertungen oder gar Bestrafungen zu vermeiden. Nicht Druck, sondern Einfühlung, Verständnis und Wissen sind in dieser äußerst wechselhaften, experimentellen und labilen Lebensphase die Mittel der Wahl. Dieses positive und praxisnahe Erziehungsbuch trägt dazu bei, Eltern entspannter und ihre heranwachsenden Söhne und Töchter selbstbewusster und lebenstauglicher werden zu lassen.

Claudia Schäfer, geboren 1963, studierte Erziehungswissenschaften und ist Inhaberin des Montessori-Diploms. Sie war am Aufbau einer Montessori-Grundschule beteiligt, dort als Lehrerin tätig und hält regelmäßig Seminare und Vorträge zu pädagogischen Themen. Sie lebt mit ihrem Mann und ihren zwei Töchtern in Freiburg.

Claudia Schäfer

Montessori in der Pubertät

Ein Elternratgeber

Deutscher Taschenbuch Verlag

Von Claudia Schäfer
ist im Deutschen Taschenbuch Verlag erschienen:
Montessori für zu Hause (36273)

Originalausgabe
Mai 2005
© Deutscher Taschenbuch Verlag GmbH & Co. KG,
München
www.dtv.de
Umschlagkonzept: Balk & Brumshagen
Umschlagfoto: © zefaimages/stockbyte
Gesetzt aus der Minion und der FF Meta
Gesamtherstellung: Druckerei C. H. Beck, Nördlingen
Gedruckt auf säurefreiem, chlorfrei gebleichtem Papier
Printed in Germany · ISBN 3-423-34195-5

Inhalt

Einführung

In der Erziehung Jugendlicher kommen wir Eltern manchmal deutlich an unsere Grenzen,[1] wie etwa an folgenden Aussagen erkennbar: »Ich befürchte, dass sich in Sandras Zimmer schon die Ratten breit machen, da herrscht das absolute Chaos. Selbst Essensreste räumt sie nicht weg. Ich kann sagen, was ich will, es wird nur noch schlimmer.« Oder: »Bennys Noten sind rapide abgefallen. Kein Wunder, er tut einfach nichts mehr für die Schule, sondern hängt mit Freunden vor dem PC. Wenn ich ihn an seine Hausaufgaben erinnere, reagiert er nur sauer, er geht in sein Zimmer und knallt die Türe hinter sich zu.«

Nun treten nicht mehr nur kleine Kinderlaunen auf, denen Eltern meistens noch einflussreich begegnen können, sondern hier sind Wissen, Verständnis und Fertigkeiten in der Erziehung gefragt. Und diese bringen Eltern nicht einfach intuitiv mit, das müssen sie zum Teil erst lernen. Aber bis heute werden Eltern (wie auch so genannte »Patchwork-Eltern« und Adoptiveltern) überhaupt nicht auf eine der schwierigsten und anspruchsvollsten Aufgaben – die Erziehung – vorbereitet oder gar darin weitergebildet. Eltern investieren viel Zeit, viel Kraft und viel Geld (mindestens 150 000 €) in ihre Kinder[2] und

---

[1] Siehe z. B. den Artikel im ›Stern‹, Nr. 48/21. 11. 2002: »Wahnsinn Pubertät – Wenn Kinder in die Pubertät kommen, herrscht in vielen Familien der Ausnahmezustand«.

[2] Siehe *www.swr1.de*

sorgen so – nicht nur zum Privatvergnügen – für den Fortbestand der Gesellschaft. Warum also sorgt die Gesellschaft nicht ihrerseits dafür, dass Eltern auch fachgerecht vorbereitet, unterstützt und positiv gestärkt werden? Erst wenn in der Erziehung etwas schief läuft, meldet man sich lautstark und gibt den Eltern die Schuld.

Dabei mangelt es keineswegs an Prinzipien für eine erfolgreiche, gute Erziehung.[3] Die umfassende Montessori-Pädagogik wie auch viele aktuelle Forschungsergebnisse bieten uns hier wichtige Anregungen: Neuere Langzeitstudien belegen z. B., dass sich positives und eindeutiges Elternverhalten in der Erziehung vorteilhaft auswirkt.[4]

Bisher ist unser Erziehungsalltag mit Jugendlichen jedoch oft von Unsicherheit gekennzeichnet: Wir begegnen vielen offenen Fragen und ebenso vielen Missverständnissen und Vorurteilen. Eines dieser Vorurteile lautet: Jugendliche sind schwierig und nervig. Weshalb sie keinen guten Ruf bei Erwachsenen haben. Doch Pubertierende sind sicher nicht nur ätzend, sondern sie sind mit ihrer Kritik und ihrer Kreativität auch ein wichtiger Motor für gesellschaftlichen Wandel.

Auch für die Jugendlichen selbst ist die Pubertät nicht immer einfach: Während dieser Zeit ändert sich innerhalb weniger Jahre extrem viel und das in sehr schnellem Tempo. Heranwachsende vollziehen mit großer eigener Kraft viele Entwicklungsschübe, körperliche wie geistig-seelische. Dafür brauchen

---

[3] Siehe hierzu auch ›GEO‹, 4/2004: »Was ist die ideale Erziehung? Neue Forschungen: Was Eltern besser machen können«.

[4] Sie kommen zu dem Schluss, dass Erziehungstraining für Eltern das Leben der Kinder (und Eltern) entscheidend verbessert. In Familien, in denen Eltern ihr Erziehungsverhalten trainiert hatten, trat z. B. deutlich weniger aggressives Verhalten bei den Kindern auf.

sie unser Verständnis. Jugendliche sind anders als Erwachsene und auch anders als Kinder.

Ein weiteres Missverständnis, das sich bei Eltern und gesamtgesellschaftlich breit gemacht hat, besagt: Jugendliche sind nicht nur sehr schwierig, sondern sie lassen sich auch kaum mehr erziehen. Denn das Grundsätzliche in der Erziehung sei bereits in den Kinderjahren abgeschlossen und es gehe nun in erster Linie um Bildung. Doch gerade weil sich in der Pubertät so viel verändert, ist sie eine besonders beeinflussbare und labile Entwicklungsphase (wie es von Maria Montessori wie auch von der Entwicklungspsychologie und der Hirnforschung bestätigt wird), in der Jugendliche nicht nur unser Verständnis brauchen, sondern auch eine *gute,* allerdings *veränderte* und *weiter gefasste Erziehung.*

Auf der Suche danach, wie solch eine positive Jugenderziehung in der Familie konkret aussehen könnte, fand ich in der Montessori-Pädagogik viele Anregungen. Sie bietet nicht nur beruflich Erziehenden in Kinderhäusern und Schulen, sondern auch uns Eltern sinnvolle Unterstützung für den Erziehungsalltag.

Mein Buch möchte Ihnen, den Eltern, wie auch den ErzieherInnen von Jugendlichen (im Alter zwischen ca. 10 und 16 Jahren) diese Anregungen gerne näher vorstellen: dies auf der Basis des bisher noch wenig beachteten Modells der Jugenderziehung von Maria Montessori, dem so genannten »Erdkinderplan«, und unter Berücksichtigung aktueller wissenschaftlicher Erkenntnisse (wie der Entwicklungspsychologie, der Kommunikationsforschung und der Hirnforschung).

Es geht mir dabei nicht darum, nach Patentrezepten zu suchen oder eine Erziehungsphilosophie zu verbreiten, sondern darum, ein besseres Verständnis für die Jugendlichen zu wecken und Mut zu ihrer Erziehung zu machen, indem ich Denkanstöße, Anregungen, praktikable Techniken und vielleicht auch Bestätigung für das, was Sie bereits zu Hause tun, vorstelle.

Die Erziehung Jugendlicher mag zwar hier und da anstrengend sein, sie ist aber auch ein sehr spannender Prozess zwischen Erwachsenen und Jugendlichen. Möge dieser Prozess für Sie – wie auch für mich selbst als Mutter zweier Töchter – ein erfolgreicher Weg werden.

Mein Buch ist folgendermaßen gegliedert: Zu Beginn gehe ich der Frage nach, ob sich die Jugendlichen mit ihrem abgrenzenden, teilweise schwierigen Verhalten überhaupt noch erziehen lassen, und bejahe dies. Voraussetzung hierfür ist allerdings ein besseres Verständnis dessen, was eigentlich alles in der so genannten »Pubertät« passiert, was Erziehung überhaupt bedeutet und was wir Eltern[5] hierbei konkret tun können.

Hilfreiche Orientierung bieten uns dabei Maria Montessoris umfassendes humanistisches Verständnis von Erziehung, ihr Menschenbild mit der Beschreibung der Entwicklung Jugendlicher, ihre Erziehungsziele sowie ihr Modell des Erdkinderplans, auch »Erfahrungsschule des sozialen Lebens« genannt, welches Sie in der ersten Hälfte des Buches beschrieben finden. Daran schließt sich der Versuch an, Montessoris Grundgedanken praxisnah auf unseren Familienalltag zu übertragen, indem ich danach frage, wie wir das Familienleben jugendgerecht

---

[5] Bitte beachten Sie, dass ich im Buch einfachheitshalber von »Eltern« spreche. Doch ich verstehe darunter auch die Ersatzeltern, also die nicht-leiblichen Personen, die in den vielen so genannten Patchwork-Familien als Stief- oder Adoptiveltern die Erziehung übernommen haben.

gestalten können: wie wir eine Erziehung ohne Zwang, mit viel Vertrauen, mit Freiheit und notwendiger Bindung verwirklichen können.

Für dieses Buch habe ich von den unterschiedlichsten Menschen Unterstützung erhalten, und ich möchte ihnen allen meinen herzlichen Dank dafür aussprechen. Im Besonderen danke ich allen den Jugendlichen, die man als »schwierig« bezeichnete und die mir während meiner Tätigkeit in der Jugendberufshilfe vor Augen führten, wie viel eine gute Umgebung bewirken kann. Ein großer Dank geht an die TeilnehmerInnen meiner Veranstaltungen, die mir in den Diskussionen immer wieder zur Klärung eigener Fragen verhelfen. Mein ganz besonderer Dank gilt meiner Familie, in der ich mich prima entfalten kann. Ebenfalls möchte ich meiner Lektorin Hannelore Hartmann und dem Deutschen Taschenbuch Verlag für das fortgesetzte Vertrauen und die ausgesprochen freundliche Zusammenarbeit danken.

Lassen sich Jugendliche
überhaupt noch erziehen?

Mit Beginn der Pubertät – oft schon mit ca. 10 bis 11 Jahren – verändert sich einiges bei unseren Kindern, und ihr teilweise abweisendes und eigensinniges Verhalten lässt uns Eltern fragen, ob wir überhaupt noch Einfluss auf sie haben und ob nicht allmählich der wesentliche Teil der Erziehung bereits abgeschlossen ist.

Nach vielen Jahren erzieherischer Bemühungen hoffen wir Eltern, unseren Kindern Freundlichkeit, Vernunft und Geradlinigkeit beigebracht zu haben. Doch in den meisten Familien scheint genau das Gegenteil erreicht zu sein. Da knallen die 11- und 12-Jährigen wutentbrannt die Türen, widersprechen lautstark und sparen auch nicht mit Beleidigungen. Viele Eltern pubertierender Kinder klagen: »Egal, was ich ihm sage, er hört ja sowieso nicht mehr auf mich.« – Andere Eltern werden einwerfen: »Seit unsere Tochter 12 ist, gibt sie uns nur noch freche Antworten.«

Mit Eintritt ins Jugendalter verändern sich die kurz zuvor noch interessierten, aufgeweckten Kinder zum Teil extrem: Viele Jahre saßen sie gerne auf unserem Schoß, kuschelten mit uns, und auf einmal begegnet uns ein rotziger, abweisender Fremdling. Mal sind sie frech und dann wieder anlehnungsbedürftig, von einer harmonischen Persönlichkeit ist da wenig zu spüren. Oft strotzen diese Wesen vor Selbstbewusstsein, das aber bei einer Kleinigkeit total zusammenbrechen kann.

»Eigentlich soll ich meine 15-jährige Tochter in Ruhe lassen, sie hasst es, wenn ich sie an ihre Hausaufgaben oder ans Aufräumen erinnere. Habe ich aber selbst mal viel zu tun, dann werde ich von ihr regelrecht angeschrien, dass ich nie Zeit für sie habe. Ich kann es ihr überhaupt nicht mehr recht machen.«

Besonders Mütter sind hart getroffen: Sie gehen mit viel Geduld auf die jugendliche Tochter oder den Sohn zu und ernten viele Male schroffe Antworten und harsche Kritik: »Du mit deinem ewigen Tu-dies-und-tu-das, du nervst!« Auch das Mittagessen scheint nicht mehr zu schmecken, und überhaupt machen Mütter anscheinend auf einmal alles Mögliche falsch.

Ratlosigkeit verbreitet sich unter Eltern: Mit Verboten und Maßregelungen versuchen sie diese leidenschaftlichen, widersprüchlichen Teenager auf gute Wege zu führen. Doch leider nicht immer mit dem erwarteten Erfolg: Eine Mutter schreibt ihrer 13-jährigen Tochter vor, was sie anzuziehen hat. Eines Tages entdeckt sie jedoch, dass sich ihre Tochter in der Schule heimlich umzieht und mit eng anliegender Hose und Stringtanga die Blicke der Jungs auf sich zieht. Und zufällig erfahren die Eltern eines 14-Jährigen, der zu Hause keinen Alkohol trinken darf, dass er auf der letzten Party bei Freunden seinen ersten Rausch hatte.

Alles das ist jedoch in der Regel ganz normal, es ist eine Zeit, in der viel passiert, sich vieles ändert.

- Langsam, aber sicher werden wir Eltern von *unseren Kindern entmachtet:* Als sie klein waren, haben sie vieles so gemacht, wie wir es ihnen gezeigt haben, waren wir und die ErzieherInnen, die LehrerInnen ihre geliebten Vorbilder. Mit 11, 12

Jahren jedoch beginnen die Heranwachsenden zu experimentieren und eigene Wege einzuschlagen. Und dafür suchen sie sich auch neue Vorbilder.[6] Sie ziehen sich an wie Medienstars, wollen so mutig sein wie der Freund oder so lange Beine haben wie die Freundin. Während sie sich selbst entdecken, vergleichen sie sich immer mehr mit anderen und fragen sich, was sie selbst gut (an sich) finden. Womit wir sie in jüngeren Jahren noch begeistern konnten, langweilt sie nun.

- Die Jugendlichen entdecken allmählich: »Du (Vater oder Mutter) kannst nicht über mich bestimmen und du kannst mich nicht zu etwas zwingen. Ich weiß selbst, was ich zu tun und zu lassen habe.« Deshalb führen sie unsere Vorschriften nicht einfach kommentarlos aus.

Wie bewegen wir den 15-Jährigen dazu, seine Hausaufgaben regelmäßig zu machen und sich anständig zu benehmen? Mit lauten Worten, Bestrafungen oder sogar Schlägen wohl kaum. Umgekehrt ist es auch nicht damit getan, sich immer mehr aus der Erziehung herauszuziehen und die Jugendlichen machen zu lassen. Beide extremen Reaktionsweisen – Strenge bzw. Gleichgültigkeit – führen leider häufig zu Problemen, und es endet manchmal sogar darin, dass die Heranwachsenden mit unterschiedlichsten Mitteln beginnen, Macht in der Familie auszuüben: sei es durch körperliche Symptome (Krankheiten), durch Ignoranz, durch risikoreiches Verhalten (bis hin zu Drogenkonsum), durch offene verbale oder körperliche Gewalt oder durch Androhen eines Selbstmords.

Diese Art von *Befindlichkeitsterror* ist häufig eine extreme

---

[6] Bei Gleichaltrigen, anderen Menschen aus ihrem Umfeld und Stars.

Provokation, hinter der sich ein *Hilferuf* verbirgt. In solchen Situationen sollten Eltern nach den wahren Gründen für dieses extreme Jugendverhalten fragen.[7] Wir konzentrieren uns auf schwieriges Verhalten und übersehen dabei die wahren Hintergründe: Vielleicht brauchen die Heranwachsenden mehr Anerkennung und Zuspruch von uns oder sie haben große Probleme mit FreundInnen, oder aber sie haben Sorge, den hohen Anforderungen in der Schule nicht gerecht zu werden.

- Andere Einflüsse werden bestimmender: *Unsere Erwartungen (und die der Schule) konkurrieren nun mit vielen weiteren Ansprüchen, Ideen und Verführungen.* Z. B. weckt die Werbung viele Träume und Wünsche, die jedoch nur schwer zu verwirklichen sind. Oder vielleicht ist es im Freundeskreis üblich, sich ganz anders zu verhalten und zu sprechen, als es in der Familie der Fall ist. Die Internetparty wird einem Jugendlichen besser gefallen, als für die Schule zu üben. Gerade dann, wenn man, wie heute, als SchülerIn nicht mehr genau weiß, wofür man lernt, da es nicht genügend Ausbildungschancen für Jugendliche gibt. LehrerInnen berichten von dem Stress und dem demotivierenden Einfluss einer ungewissen Zukunft. Und da kommen wir Eltern noch mit weiterem Stress, indem wir auf einen guten Schulabschluss drängen.

Angesichts ihres schwindenden Einflusses sollten Eltern wissen, dass die Jugendlichen sich in einer Entwicklungsphase befinden, in der sie durch unterschiedlichste eigene Erfahrungen den Aufbau ihrer ganzen Persönlichkeit – ein-

---

[7] Siehe dazu im Kapitel »Umgang mit problematischem und risikoreichem Verhalten«, S. 133.

schließlich des Wachstums und der Strukturierung ihres Gehirns – vorantreiben. Und dass dies genau die beste Vorbereitung für ihre Zukunft ist.

Das alles strengt Jugendliche und Eltern gleichermaßen an. Weiteres Stresspotenzial für Jugendliche birgt die heutige widersprüchliche Gesellschaft. Die ganze Welt mit ihren vielen Reizen und Verführungen scheint jungen Menschen offen zu stehen. Wo bleibt bei dem Leistungs- und Konsumdruck überhaupt noch Platz für Experimente – ohne zu großen Gefahren und Verführungen ausgesetzt zu sein?

Leider müssen wir feststellen, dass Jugendliche bereits in immer jüngeren Jahren zu Alkohol und anderen Drogen greifen. Laut der internationalen WHO-Studie, die im Juni 2004 veröffentlicht wurde,[8] rauchen z. B. 25 Prozent der 15-jährigen Jungen und sogar 27 Prozent der gleichaltrigen Mädchen täglich, sie trinken regelmäßig Alkohol oder hatten bereits mehrere Rauscherfahrungen. Hingegen sind nur wenige Jugendliche für körperliche Aktivitäten, also gesundheitsfördernde Maßnahmen, zu begeistern. Man befürchtet, dass im Jahr 2030 etwa die Hälfte der Kinder an Übergewicht und dramatischen Schäden leiden wird, sollte diese Entwicklung voranschreiten.

Verbote und Ermahnungen zur Vernunft allein reichen nicht aus, um Jugendliche davon abzuhalten. Viele Faktoren spielen hier eine Rolle. Ein erster wichtiger, aber gar nicht einfacher Schritt ist, die Jugendlichen zu stärken: ihr Selbstbewusstsein zu fördern und ihnen Mut zu machen, zu den täglichen Verführungen Nein zu sagen.

Bei solchen Beispielen fällt besonders auf, dass gerade

---

[8] Aus ›Badische Zeitung‹ vom 5. 6. 2004: »Keine Lust auf Sport«.

Jugendliche sehr beeinflussbar sind und eine wirksame Erziehung brauchen.

- *Die Missverständnisse zwischen Teenagern und Eltern wachsen:* Leider haben Erwachsene viele Vorurteile gegenüber Jugendlichen. Sie seien heute aggressiver, fauler, frecher usw. Solche Vorurteile werden auch von der Presse bestärkt, die die Gewalttaten einzelner Jugendlicher besonders herausstellt, sodass der Eindruck entsteht, alle Jugendlichen würden immer gewalttätiger. Hingegen nimmt nicht die Häufigkeit der Gewaltdelikte zu, sondern ihre Brutalität zeigt sich offener. Was etwa darin gipfelt, dass Jugendliche ihre Gewaltopfer bei ihren Misshandlungen per Handy-Video filmen. Oder dass 7-Jährige ihre kleinen Geschwister mit einem Stift erstechen usw. Doch insgesamt ist sogar seit Jahren ein Rückgang der Gewaltdelikte von Jugendlichen festzustellen.[9] Ich möchte nicht das Thema der Jugendgewalt verharmlosen, doch bei dem Entsetzen über einzelne grausame Beispiele sollten wir Verallgemeinerungen vermeiden und nicht vergessen, dass die meisten Jugendlichen – alles in allem – ganz *normale* Jugendliche sind.

  Jugendliche haben starke Kräfte, trotzdem reagieren wir Erwachsene häufig mit einer übertriebenen Sorge um ihr Seelenheil und ihre Anpassungsbereitschaft. Statt ihrer Entwicklungschancen sehen wir sie in die Faulenzerei, die Drogenszene oder eine radikale Aufsässigkeit abdriften.

- Ferner entstehen oft Missverständnisse, weil *Jugendliche zwar zunehmend wie Erwachsene aussehen, sich aber nicht wie Erwachsene verhalten.* Wie Montessori es bereits für Kinder formulierte, sind auch Jugendliche »anders«.

---

[9] Siehe z. B. Ulrike und Franz Petermann: Nachdenken über Schule. Hg. vom Sächsischen Staatsministerium für Kultus. Dresden 2001.

- *Auch die Erwachsenen verhalten sich widersprüchlich:* etwa indem unsere Gesellschaft zwar die *Jugendlichkeit* vergöttert, nicht aber die Jugendlichen. Während die Konsumwelt die Jugend als das Ideal hinstellt, reden viele Eltern und LehrerInnen genervt über die Teenies: wie schlecht sich die SchülerInnen benehmen und wie oft Eltern meinen, bestrafen zu müssen, weil sich ihre heranwachsenden Kinder »falsch« benehmen. Allzu oft traut man ihnen leider nicht viel Gutes zu.
- Vielleicht rührt die Widersprüchlichkeit u. a. auch daher, dass *Eltern (in den mittleren Jahren) sich in* einer vergleichbaren, nicht immer einfachen Phase, *einer Art zweiter Pubertät befinden:* Während wir selbst unseren Sinn im Leben hinterfragen, versuchen, unserem anstrengenden Beruf und der Familie gerecht zu werden, während wir womöglich den Tod der eigenen Eltern verkraften müssen wie auch die Erkenntnis, dass die Lebenszeit immer kostbarer wird, fordern uns die Widersprüche unserer Kinder umso mehr heraus. Manchmal trauern wir vielleicht um den Verlust unserer eigenen Jugendlichkeit – uns scheint die Welt nun nicht mehr offen zu stehen.

Zwei sehr unterschiedliche Generationen treffen hier aufeinander: Während wir Erwachsene effizient und entschieden wirken, weil wir versuchen, die immer kürzer werdende Lebenszeit sinnvoll zu nutzen, probieren Jugendliche gerne aus, verhalten sich oft extrem und hinterfragen lieber, als sich festzulegen. Sie kritisieren auch uns etablierte Erwachsene mit großer Leidenschaft, durch ihre Sprache oder ihre Kleidung, sodass wir uns häufig (unbewusst) bedroht und angegriffen fühlen. Doch Jugendliche müssen sich – notfalls über die »Leichen« ihrer Eltern hinweg – zu eigenständigen Erwachsenen entwickeln.

Insofern erscheint die Frage berechtigt, ob Eltern für die Erziehung ihrer Heranwachsenden überhaupt noch viel tun können. In manchen Elternratgebern lesen wir dann als Antwort, dass das Grundsätzliche in der Erziehung mit Erreichen des Jugendalters bereits abgeschlossen sei. Jetzt gehe es zunehmend um Bildung und einen guten Schulabschluss. Doch dies wird Jugendlichen nicht gerecht und übersieht die vielen Möglichkeiten einer ganzheitlichen Erziehung. Nach Maria Montessori ist gerade die Jugendzeit eine sehr labile und beeinflussbare Entwicklungszeit, die eine veränderte und besondere Erziehung fordert.

Jetzt nicht aufgeben

Trotz aller Schwierigkeiten, die sich im Zusammenleben mit Jugendlichen zeigen, sollten wir den Mut zur Erziehung nicht verlieren. Im Gegenteil, wenn wir das Ganze unter einem neuen Blickwinkel betrachten, dann erkennen wir, wie beeinflussbar Jugendliche sind und wie wichtig es ist, als Eltern sinnvolle Hilfen und Unterstützung anzubieten. Denn unser Einfluss verliert jetzt nicht etwa an Bedeutung – die Jugendlichen werden jedoch anders damit umgehen, ihn hinterfragen und selbst bewusst Einfluss nehmen wollen.

Uns Eltern stehen weiterhin viele Möglichkeiten zur Verfügung – vielleicht mehr, als wir bisher ahnten –, um die Jugendlichen dabei zu unterstützen und zu begleiten, selbstständig und erwachsen zu werden.

Allerdings muss sich bei allen diesen Veränderungen, die in der Jugendzeit auftreten, auch die Erziehung verändern. Bisher sind Eltern jedoch viel zu wenig auf die anspruchsvolle Aufgabe der Erziehung Jugendlicher vorbereitet. Leider ist Erziehung in Deutschland nach wie vor eine Angelegenheit, bei der man eher auf Elternliebe und Intuition vertraut als auf erlernbares Wissen.

Jugendliche denken und handeln anders als wir Erwachsene – als Eltern, als LehrerInnen müssen wir uns mit unseren Handlungen und Erwartungen darauf einstellen. Den Anfang hierfür setzen wir, indem wir einerseits den Wandel der Jugendlichen erkennen und anerkennen, ihm mit Verständnis und sogar Rücksicht begegnen und andererseits unsere Eltern- und Erzieherrolle klar und neu definieren.

Wenn wir Erwachsene näher hinschauen, erkennen wir, wie suchend und verletzlich die Heranwachsenden oft sind, wie sehr sie unsere Anerkennung und unseren Zuspruch brauchen, auch wenn ihr Verhalten nicht immer unseren Wünschen entspricht. In der Regel äußern sich Jugendliche respektvoll und verständnisvoll über ihre Eltern,[10] wenn auch selten in deren Beisein. Sie scheinen uns ernster zu nehmen, als wir vermuten. Und sie wissen auch, was sie sich von ihren Eltern wünschen: Anerkennung, Verständnis, Liebe und Mitgefühl.

Jugendliche sind in den wenigsten Fällen gegen ihre Eltern, sondern sie sind gegen das, was ihnen nicht gut tut. Und das kann sehr vielschichtig sein: Vielleicht greifen Eltern zu viel in ihre Belange ein und verhindern dadurch, dass Jugendliche eigene wichtige Erfahrungen sammeln, oder sie sind zu wenig präsent, bieten zu wenig Halt und reagieren erst, wenn die Jugendlichen sie mit ihrem schwierigen Verhalten herausfordern.

---

[10] Wie ich in meiner eigenen Arbeit mit Jugendlichen und z. B. aus der Shell-Studie 2000 erfahren konnte.

Wir Eltern haben die Chance, den Heranwachsenden Unterstützung und Hilfe bei einer Art »zweiter Geburt« anzubieten, der Geburt zu einem selbstständigen Erwachsenen. Und wir erhalten gleichzeitig die Gelegenheit, uns aus der symbiotischen Rolle als Eltern von abhängigen Kindern hinauszuentwickeln und uns stärker auf uns zu besinnen. Wir haben wieder Zeit für uns selbst und für uns als Ehepaar bzw. für neue Liebesbeziehungen.

Wenn wir diesen gemeinsamen Weg positiv gestalten, dann ist Pubertät nicht nur eine Zeit der Krisen und der Streitigkeiten, sondern eine wichtige Zeit, um zu sich selbst zu finden, eine Zeit auch, aus der gegenseitig sich achtende Persönlichkeiten hervorgehen. Dann schaffen wir die Basis für die zukünftige respektvolle Beziehung zwischen uns und unseren heranwachsenden Kindern. Und erst diese positive Beziehung ermöglicht es, dass wir weiterhin Einfluss auf sie haben.

Es lohnt sich also, nicht aufzugeben: Die wechselhaften Launen und das abweisende Verhalten der Teenager sind in Wirklichkeit der Wunsch, sich mit uns Erwachsenen auseinander zu setzen, um dadurch eine eigene Identität zu finden, ihre Persönlichkeit zu entfalten. Anstatt also in wütenden Streitereien verhaftet zu bleiben, sollten wir versuchen, Konflikte konstruktiv zu lösen und mit Zuspruch und Anerkennung das noch schwankende Selbstwertgefühl der Jugendlichen positiv zu stärken.

Montessoris These von der labilen Entwicklungsphase zwischen ca. 10 und 18 Jahren wird heute auch durch die Forschungsergebnisse der Neurobiologie, der Hirnforschung und der Entwicklungspsychologie belegt: Hiernach sind Jugendliche mit 12 oder 14 Jahren eben noch nicht fertig entwickelt und gefestigt. So wie der gesamte Körper sich verändert, so wandelt sich auch das Gehirn im Jugendalter radikal. Das führt zu Labilität, Wechselhaftigkeit und Beeinflussbarkeit. Erst im Laufe einiger Jahre geht es im Gehirn wieder ruhiger, zielstrebiger und konzentrierter zu.

Es wurde sogar die Auffassung vertreten, angesichts der Ergebnisse der Hirnforschung werde sich die gesamte Denkweise über Jugendliche und ihre Erziehung ändern müssen.[11] (Siehe hierzu auch das Kapitel »Die sensiblen Phasen des Kindes- und Jugendalters«, S. 35.) Und selbst wenn Hirnforschung nicht ausreicht, um den gesamten Menschen zu beschreiben, so legt sie uns doch nahe, dass Jugendliche ihre Eltern und andere Bezugspersonen brauchen.

Ferner hat sich erwiesen, dass Jugendliche in der Pubertät nicht ausschließlich von ihren Hormonen beeinflusst werden. Aktuelle Untersuchungen zeigen eindeutig, dass die Gefühle und das Verhalten Heranwachsender weit mehr durch soziale Faktoren beeinflusst werden: durch das Elternhaus und die Schule, durch Gleichaltrige, durch Medien (Fernsehen, Radio, Videos, Computerspiele, Werbung, Zeitschriften usw.) und durch Musik. Wir Erwachsene sind also zu verantwortlichem erzieherischen Handeln aufgefordert.

Wenn Eltern von Fall zu Fall der Ansicht sind, das Verhalten ihrer Jugendlichen sei nicht »normal«, dann handelt es sich dabei um notwendige und vorübergehende Verhaltensphänomene, die nur selten Anlass zur Besorgnis sind. Die meisten Jugendlichen machen zum Glück nur ein paar Dummheiten, überstehen aber alles gut, sodass wir Erwachsene uns mit Wertungen zurückhalten und stattdessen die Notwendigkeit

---

[11] Siehe z. B. die Beschreibungen in Barbara Strauch: Warum sie so seltsam sind. Gehirnentwicklung bei Teenagern. Berlin: Berlin Verlag 2003.

für die Identitätsbildung anerkennen sollten. Bedenken wir: In der Regel nimmt nicht die *Anzahl* der Konflikte zwischen Eltern und Pubertierenden zu, sondern ihre *Heftigkeit*.

Es ist nicht möglich, als Eltern keinen Einfluss auf Jugendliche zu nehmen. Selbst die Weigerung, Einfluss auszuüben, hat Konsequenzen: Wenn Eltern sich nur noch sehr wenig um die Belange ihrer Teenies kümmern, deuten diese das als mangelndes Interesse an ihnen oder sogar als Beweis für ihre Minderwertigkeit. Manche reagieren darauf mit Rückzug und Unsicherheit, andere wehren sich dagegen mit auffälligem Verhalten.

Es gibt genügend Beispiele, die uns zeigen, dass es sich lohnt, den Mut an der Erziehung Jugendlicher nicht zu verlieren: Beispiele, bei denen alle Beteiligten alles in allem gut miteinander klarkommen und sogar *erfolgreich* aus den Jahren der Pubertät hervorgehen.

Für uns Eltern heißt das, besser verstehen zu lernen, wie Jugendliche eigentlich sind, welche Bedürfnisse in ihrem Alter Vorrang haben und was sie in dieser Lebensphase wollen und brauchen. Oft setzen wir unseren Kindern Ziele, die ihnen nicht angemessen sind. Unsere Erwartungen sollten auf die Möglichkeiten des Heranwachsenden abgestimmt sein, denn sie wirken sich auf sein gesamtes weiteres Leben aus. Und nicht wir Erwachsenen bestimmen diese Ziele, sondern sie liegen verborgen in jedem Menschen selbst.

Mit Hilfe von Maria Montessoris Auffassung von Erziehung und ihrem differenzierten Menschenbild können wir Eltern ein solches besseres Verständnis gewinnen und dort Hilfe anbieten, wo unsere Kinder sie wirklich brauchen. Wäsche waschen und Essen kochen, das können Jugendliche eigentlich selbst, sich Zuspruch und Orientierung geben, nicht.

Montessoris Verständnis von Erziehung

Auf die Frage, was denn unter Erziehung zu verstehen sei, gibt es unterschiedlichste Antworten. Allerdings werden die meisten Antworten folgende zwei Aspekte beinhalten:

Der eine lautet, dass wir unsere Kinder lieben sollen. Ein hoher Anspruch, der jedoch bei weitem nicht ausreicht, um erfolgreich zu erziehen. Denn die einen handeln aus Liebe so und die anderen gerade nicht so. Und wenn wir ehrlich sind, strengt es uns manchmal ganz schön an, unsere »Liebsten« zu lieben. Kann es in der Erziehung überhaupt in erster Linie um Liebe gehen? Maria Montessori meint hierzu: »*Wir müssen unsere Kinder lieben, aber das genügt nicht, wir müssen ihnen zu tun geben*«,[12] damit sie selbst aktiv ihre Entwicklung voranbringen.

Der andere Aspekt versteht unter Erziehung das absichtsvolle Einwirken Erwachsener auf Kinder und Jugendliche, damit diese sich entsprechend ihren Vorstellungen entwickeln.[13] Was bedeutet, dass Erwachsene letztlich die Ziele vorgeben und sie auch durchsetzen wollen.

Maria Montessori sieht das ganz anders: Sie lädt uns zu einem Perspektivenwechsel ein, bei dem wir danach fragen sollen, wie Kinder und Jugendliche eigentlich sind und was sie

---

[12] Winfried Böhm: Maria Montessori. Texte und Diskussionen. Bad Heilbrunn: Klinkhardt 1978, S. 36.

[13] Vgl. beispielsweise mit der Definition von Erziehung bei Wolfgang Brezinka: Grundbegriffe der Erziehungswissenschaft. Kritik, Analyse, Vorschläge. München: Reinhardt 1974.

wirklich zum Wachsen und Lernen brauchen. Besteht unsere Erziehung aus unseren Lenkungen und Erwartungen oder zeigen uns die Kinder und Jugendlichen letztlich selbst den Weg und die Ziele? Nach Montessoris Menschenbild verfügt jedes Kind von Geburt an über einen *eigenen inneren und geheimnisvollen Bauplan,* der das körperliche und geistige Wachstum eines jeden Kindes bestimmt (siehe hierzu ausführlicher im folgenden Kapitel »Die sensiblen Phasen des Kindes- und Jugendalters«).

Doch diese autonome Entwicklung bei Kindern zu akzeptieren ist nicht einfach für uns Eltern und verlangt viel Vertrauen und Geduld. Statt unseres Eingreifens hält Montessori eine anregende, geordnete Umgebung, in der sich die Kinder und Jugendlichen frei bewegen, selbstständig handeln und entsprechend ihres Bauplans entwickeln können, für viel wichtiger. Wir Erwachsene sind dabei nur *ein Teil der Umgebung.* Und während wir mit unseren Kindern bzw. Jugendlichen zusammen sind, entwickeln auch wir uns weiter.

Für Maria Montessori bedeutet Erziehung immer die gegenseitige Beeinflussung aller an der Erziehung Beteiligter. Eltern wie Kinder treten dabei in einen *wechselseitigen, dialogischen Prozess,* in dem die Eltern Gelegenheit finden, sich zu *erneuern,* und die Kinder, sich zu *offenbaren.* Wir Erziehenden *geben* also nicht nur, sondern wir *erhalten* auch die Chance zu Wachstum und Veränderung – etwas, das wir leider im Erziehungsalltag manchmal vergessen. Oft erziehen wir mit dem Gefühl, *machen und tun zu müssen,* damit aus unseren Kindern etwas wird. Die Montessori-Pädagogik sagt uns jedoch, dass wir genau diese große Verantwortung gar nicht haben. Statt unseres Aktivismus sollten wir innehalten, damit die Kinder und Heranwachsenden selbst aktiv werden können.

»Das Kind und der Erwachsene sind zwei verschiedene Teile der Menschheit, die aufeinander einwirken und bei gegenseitiger Hilfe in Harmonie sein sollten. Es ist also nicht so, dass der Erwachsene dem Kind helfen muss, sondern auch das Kind muss dem Erwachsenen helfen.«[14]

Die hier angesprochene Hilfe der Erwachsenen meint nicht die Hilfe, durch die man Kindern und Jugendlichen letztlich ihre eigenen Erfahrungsmöglichkeiten nimmt, sondern *Hilfe zur Selbsthilfe.* Häufig besteht unsere Hilfe darin, dass wir unseren Kindern Arbeiten abnehmen: Wir waschen die Wäsche, kochen für sie, erinnern sie an ihr Pausenbrot und vieles mehr, in dem Glauben, wir könnten das sowieso besser. Damit helfen wir ihnen aber nicht, unabhängiger und selbstständiger zu werden. So mancher Jugendliche weiß denn auch nicht, wie man Wäsche wäscht oder Reis kocht oder einen Terminplaner führt.

Doch Maria Montessori geht davon aus, dass jeder Mensch innerhalb seiner Entwicklung genau diese Unabhängigkeit und Selbstständigkeit erreichen will und muss. Wenn Eltern einem Heranwachsenden jedoch Arbeiten abnehmen, die er sehr wohl alleine machen kann, dann nehmen wir ihm auch die Möglichkeit, sich selbstständig zu fühlen und an seinen eigenen Fähigkeiten zu erfreuen. Vielmehr entstehen Abhängigkeitsgefühle und ein schwaches Selbstwertgefühl (»Mutter macht das für mich, weil ich das ja nicht kann.«). Also Vorsicht: Abhängigkeiten, die eigentlich gar nicht (mehr) sein müssten, können Aggressionen oder Depressionen nach sich ziehen.

Ohne Hilfe kommen Kinder und Jugendliche natürlich nicht

---

[14] Aus Maria Montessori: Kinder, die in der Kirche leben. Freiburg: Herder 1964, S. 223.

aus, doch Maria Montessori schlägt vor, erst dann Hilfe zu leisten, wenn die Kinder und Jugendlichen danach fragen. Und dann auch nur insoweit, dass wir ihnen zeigen, wie es geht, und es so zeigen, dass sie es verstehen und selber ausprobieren können. Wenn wir näher hinschauen, erkennen wir die Bitte der Heranwachsenden: »*Hilf mir, es selbst zu tun.*« Ein Beispiel soll dies verdeutlichen.

Eine Mutter beschwerte sich darüber, dass ihr 13-jähriger Sohn sie angefahren habe, als sie ihm bei den Mathematikhausaufgaben helfen wollte. Sie hatte ihn, während er still an seinem Schreibtisch saß, auf einen Rechenfehler aufmerksam gemacht. Er jedoch hatte ihr entgegnet: »Du sollst mich in Ruhe lassen, ich habe dich doch nicht gefragt, oder?« Die Mutter hätte stattdessen ihre Hilfe anbieten können: »Kann ich dir bei deinen Hausaufgaben helfen?« Denn Jugendliche reagieren sehr empfindlich, wenn man sie mit einem Fehler konfrontiert.

Umgekehrt mag es Jugendlichen zwar manchmal viel bequemer erscheinen, wenn die Eltern ihnen lästige Arbeiten abnehmen, doch auf Dauer werden sie ihre Unabhängigkeit weitaus mehr schätzen. Hier sind also unsere Konsequenz und Geduld gefordert: Ich warte, bis ich um Hilfe gebeten werde, und mische mich nicht ungefragt ein oder nehme Arbeiten ab.

Mit ihrem Leitsatz »*Hilf mir, es selbst zu tun*« überträgt Maria Montessori den Kindern und Jugendlichen eine Mitverantwortung in der Erziehung. Die Aufgabe der Eltern ist, das einzelne Kind und den einzelnen Jugendlichen in den Blick zu bekommen und ihn/sie da abzuholen, wo er/sie gerade steht, hier zu begleiten und dort Impulse für Aktivitäten anzubieten, ohne die eigenen Ziele als obersten Maßstab zu setzen. Solche Erziehung braucht viel Freiheit, allerdings in einer geordneten, übersichtlichen und kind- bzw. jugendgerechten Umgebung.

In den Montessori-Kinderhäusern und Grundschulen bietet diese Umgebung viele didaktische Materialien, anhand derer die Kinder frei nach ihrem Rhythmus ihre Sinne schulen sowie lesen, rechnen, schreiben, Dinge über unsere Erde und den Kosmos und notwendige Alltagsfertigkeiten (wie z. B. Schleifen binden, Hände waschen) lernen können. Die Übungen und Materialien sind derart gestaltet, dass die Kinder gut alleine damit arbeiten und auch ihre Fehler selbstständig kontrollieren können. So werden sie aktiv, lernen die Welt durch alle ihre Sinne kennen und verstehen und ihre große Neugierde wird befriedigt.

Montessoris Erdkinderplan setzt diese Erziehung fort. Er bietet den Jugendlichen einen Rahmen, in dem sie entsprechend ihren Fähigkeiten und Stärken aktiv und verantwortlich am Arbeitsleben sowie am gesamten sozialen Leben teilhaben.

Dieser Prozess der Erziehung und Bildung vollzieht sich in Phasen und dauert sehr lange. Erziehung ist nicht punktuell, sondern ein *Langzeitprozess*. Das heißt, wir und unsere Kinder haben lange Zeit dafür, uns zu entwickeln. Wir und unsere Kinder dürfen uns also Fehler erlauben, ohne dass dadurch gleich Langzeitschäden hervorgerufen würden. Fehler sind eine Chance, wenn wir sie akzeptieren und aus ihnen lernen. Damit erfüllen wir bereits einen wichtigen Aspekt der »guten« Erziehung.

Gerade der Erziehung Jugendlicher räumt Montessori eine »ungeheure Bedeutung«[15] ein. Denn in dieser Lebensphase entwickeln sich die zunächst noch *labilen* Jugendlichen zu verantwortungsvollen Mitgliedern der Gesellschaft. Es müsse eine radikale Veränderung in der Erziehung Jugendlicher stattfin-

---

[15] Maria Montessori: Kosmische Erziehung. Freiburg: Herder 1988, S. 128.

den, da sich die Person der Kinder hier ganz wesentlich verändere.[16] Das Gehirn und der Körper Jugendlicher sind nochmals vielen Wachstumsschüben unterworfen, und die gesamte Persönlichkeit organisiert sich neu.

In dieser Phase müssen Jugendliche lebenswichtige Entscheidungen treffen: welche Ausbildung sie absolvieren und welchen beruflichen Werdegang sie einschlagen, welche Standpunkte und Weltanschauungen sie zu ihren eigenen machen, welche Menschen sie ihre Freunde nennen usw.

Die uns Erwachsenen bisher bekannte Vorgehensweise sieht in der Regel so aus: Wir sagen, wo es langgeht. Montessoris Verständnis von der Jugenderziehung jedoch besagt, dass *Heranwachsende Baumeister ihrer selbst* sind und deshalb ihren Weg kennen. Wir Erwachsene können sie dabei (nur) begleiten. Erziehung heißt also nicht *ziehen und führen* oder gar *zu vermeintlich Besserem missionieren,* sondern in einem optimalen Rahmen (geprägt von sinnvollen Angeboten und einer guten Atmosphäre) wachsen lassen. Für diesen Rahmen tragen wir die Verantwortung, für ihr Wachstum tragen die Heranwachsenden selbst die Verantwortung.

Dass eine Veränderung der Erziehung Jugendlicher nötig ist, zeigt sich u. a. darin, dass sie bis heute nicht immer ganz das erreicht, was sie erreichen will. Von den Misserfolgen künden etwa Nachrichten über die gestiegene Zahl der Schulverweigerer, gewalttätige, mordende oder faule, aufsässige, süchtige Jugendliche (neben Tabak- und Alkoholmissbrauch auch Esssucht usw.) sowie den Besorgnis erregenden Anstieg der Jugendlichendepressionen. Zum Glück gibt es genügend Gegenbeispiele von ganz normalen Familien mit glückenden Beziehungen.

---

[16] Ebd., S. 135.

In neueren Forschungen darüber, was eine gute Erziehung kennzeichnet, wird immer wieder deutlich, dass es keine sehr komplizierten und geheimnisvollen Dinge sind, die es zu beachten gilt, sondern praktikable *Techniken* und *Spielregeln*, die den Bedürfnissen und entwicklungsbedingten Besonderheiten der Kinder und Jugendlichen gerecht werden.

Als Eltern würden wir vermutlich *alles* für unsere Kinder tun und wollen das Beste für sie. Doch wissen wir wirklich am besten, was das Richtige für unsere Kinder und Jugendlichen ist? So lange uns nicht genau klar ist, wen wir da eigentlich vor uns haben und erziehen sollen, so lange können wir auch nicht wissen, was das Richtige für ihn ist. Das ist vergleichbar mit dem Gärtnern: Wenn wir über eine Pflanze nicht Bescheid wissen, können wir sie ja auch nicht richtig behandeln. Jede Pflanzenart braucht ihre besonderen Bedingungen und spezielle Pflege.

Für Maria Montessori ist Erziehung nicht nur eine Methode, eine Praxis, sondern zu Erziehung gehört ebenso: dass Eltern über die Entwicklung ihrer Kinder und Jugendlichen Bescheid wissen, dass sie eine gute Haltung gegenüber ihren Söhnen und Töchtern haben und dass sie angemessene Erziehungsziele verfolgen.

Folgenden Fragen möchte ich deshalb konkreter nachgehen:

1. Zum Menschenbild: Mit wem habe ich es in der Erziehung zu tun und wie *sind* Jugendliche?
2. Zu den Erziehungszielen: Was möchte ich mit meiner Erziehung erreichen?
3. Zur Methode: Wie kann ich das konkret umsetzen, was muss ich tun?

Die sensiblen Phasen
des Kindes- und Jugendalters

Um die Gratwanderung zwischen dem, was wir Jugendlichen zutrauen können, und dem, wo sie noch unsere Hilfe brauchen, zu meistern, ist es wichtig, dass wir die Entwicklung von Grund auf kennen.

Montessoris bekanntestes Buch heißt ›Kinder sind anders‹, und wenn wir uns die Entwicklung Jugendlicher anschauen, so können wir konstatieren, dass Jugendliche ebenfalls anders sind: anders als Erwachsene und anders als Kinder. Kinder sind sehr munter, oft laut, müssen sich andauernd bewegen und verstehen uns nicht immer, hören aber prinzipiell auf Erwachsene, sie sind ablenkbar (z. B. durch spannende Sachen) und (meistens) gehorsam. Sie können sich mit großer Konzentration auf eine Sache einlassen. Montessori nannte dieses Phänomen die *Polarisation der Aufmerksamkeit.*

Diese besondere Konzentrationsfähigkeit der Kinder spielt in der Montessori-Pädagogik eine große Rolle. Sie ermöglicht wichtige Lernprozesse und fördert die Entwicklung. Eine gute Erziehung muss diese Polarisation der Aufmerksamkeit als Basis und als Ziel haben.

Jugendlichen fällt es schon schwerer, sich derart zu konzentrieren, sie sind in ihren Stimmungen wechselhafter, teilweise aufbrausender, sie widersprechen mehr, wollen diskutieren, haben mal Lust auf uns Eltern und mal nicht. Sind mal gesellig und mal zurückgezogen. Es wird schwieriger – und doch ist es notwendig –, auch ihre Aufmerksamkeit zu binden.

Da wir manchmal vergessen, wie wir selbst als Jugendliche waren – dass auch wir Dinge ausprobiert haben, von denen unsere Eltern bis heute nichts wissen –, fragen wir uns, was eigentlich »normal« und »typisch« für diese Entwicklungsphase ist.

Was ist los, wenn Kinder, die letztens noch von sich aus fragten: »Ist das erlaubt?«, sich jetzt an Regeln und Verboten vorbeimogeln? Wenn die 12-Jährige nachts verstohlen aus dem Fenster klettert, der 15-Jährige im Keller heimlich Schwarzpulver herstellt und die 13-Jährige jedes Gespräch über Schule und Hausaufgaben mit lautem Türenknallen beendet?

Haben Sie Ihre 12-jährige Tochter (oder Ihren Sohn) schon einmal ernsthaft gefragt, was sie will, was sie interessiert, und auch, was sie nicht leiden kann?

In Gesprächen mit Jugendlichen zeigt sich: Sie wissen, dass sie widersprüchlich sind. Wenn wir Jugendliche danach fragen, dann geben sie meistens zu, wie anders, wie schwierig sie manchmal sind. Eine 11-Jährige, die sich kürzlich noch durch eine Umarmung trösten ließ, erklärt: »Ich weiß nicht, was mit mir los ist, ich bin manchmal auf einmal so wütend und das geht dann gar nicht mehr weg. Ihr müsst mich dann am besten in Ruhe lassen.« Schon oft musste die Familie es aushalten, dass die Tochter ohne ersichtlichen Grund aufsprang und wütend in ihrem Zimmer verschwand. Oder der 13-Jährige, der sich wundert: »Echt blöd, in letzter Zeit vergesse oder verliere ich andauernd etwas. Letztens habe ich sogar meine tolle Armbanduhr verloren.«

Antworten, warum das so ist und dass dies typisch und normal für diese Entwicklungszeit ist, bietet uns u. a. die aktuelle Hirnforschung: Danach sind die Widersprüchlichkeit,

Launenhaftigkeit und Vergesslichkeit der Jugendlichen auch auf die umfassende Umwandlung des Gehirns in diesem Alter zurückzuführen. Das Gehirn Pubertierender ist vergleichbar mit einer großen »Baustelle«, wo sich vieles rasant verändert und wo neue Verbindungen geknüpft werden.[17] Deshalb ist es auch nur begrenzt einsatzfähig. Dieser Umbau ist wichtig für die Reifung, auch für die emotionale Entwicklung, führt aber bei den Jugendlichen zu Verunsicherungen und Stimmungsschwankungen.

Auch wenn Jugendliche »anders« sind und manchmal schwer zu verstehen, so sind sie doch keine inkompetenten Mängelwesen. Im Gegenteil, sie sind mit allem ausgestattet, was sie für ihre verschiedenen Entwicklungsschritte benötigen, und bewältigen alle anstehenden »Umbauphasen« mit Kraft und Ausdauer. Dies – davon geht Maria Montessori aus – gemäß ihrem inneren, individuellen Bauplan. Ihre Entwicklung vollzieht sich in verschiedenen Phasen, in vielen kleinen Schritten und braucht Zeit.

Diese Entwicklungszeiten der Kinder und Jugendlichen beschreibt Maria Montessori als Zeiten, die durch besondere Fähigkeiten, Fertigkeiten und von innen geleitete Interessen gekennzeichnet sind. Sie nennt sie »*sensible Phasen*«.

Sensible Phasen sind aktive Lernzeiten, die sich bereits bei Neugeborenen zeigen. In jeder dieser Lernzeiten öffnen sich bestimmte *Lernfenster*, das heißt, die Aufmerksamkeit ist jeweils auf einzelne Bereiche bzw. Aspekte der Umwelt konzentriert, und die Aneignung der Lerninhalte geschieht dann mit großer Leichtigkeit. Ebenso zeigt sich das, was gelernt wurde,

---

17 Siehe z. B. im ›Stern‹-Artikel »Wahnsinn Pubertät«, Nr. 48/21. 11. 2002, S. 242 ff.

oft explosionsartig. Gerade noch hatten wir Sorge, ob unser Kind auch wirklich lesen lernt, da hat es auf einmal verstanden, dass zusammengesetzte Buchstaben einen Sinn ergeben. So lernen 2-Jährige ihre Muttersprache und deren schwierige Grammatik, ohne je zu klagen und ohne je eine einzige Unterrichtsstunde dafür erhalten zu haben. Aus ihren zunächst unverständlichen Lauten entstehen auf einmal die ersten Wörter. Ebenso erlernen sie Ordnungsstrukturen (z.B. beim Sortieren unterschiedlicher Steine etc.) und viele Bewegungsabläufe. Bis ins Jugendalter entwickeln und *offenbaren*[18] sich so immer mehr Fähigkeiten und Fertigkeiten.

Begleitet sind alle diese sensiblen Phasen von natürlicher innerer Kraft, von großer Neugierde, Konzentrationsfähigkeit, Ausdauer und guter Beobachtungsgabe – Fähigkeiten, über die wir Erwachsene nicht mehr derart reichhaltig verfügen. Unser Lernen ist dagegen mit viel mehr Mühen und Anstrengungen verbunden.

Allerdings entwickeln sich Kinder und Jugendliche nicht ausschließlich aus sich selbst heraus, sondern immer auch in Wechselwirkung mit ihrer Umwelt. Sie brauchen eine anregende Umgebung, in der sie alle ihre Sinne benutzen und verfeinern können. Mittlerweile weiß man, dass dadurch viele Synapsen (Schaltstellen) im Gehirn entstehen, an die wiederum weitere neue Erfahrungen und neues Wissen angeknüpft werden können. Die Hirnforschung hat z.B. herausgefunden, dass beim aktiven Denken Jugendlicher in etwa die gleichen Schaltstellen im Gehirn tätig sind wie bei früheren sinnlichen Erfahrungen. Daraus hat man den Schluss gezogen, dass jeder Jugendliche

---

[18] Ein etwas altmodischer, doch sehr anschaulicher Begriff, den Montessori selbst häufig verwendet.

seine eigenen sinnlichen und lebenspraktischen Erfahrungen machen muss, um seinen Intellekt wie auch seine emotionale Intelligenz, also seine gesamte Personalität, zu fördern.

Ist solch eine sensible Phase jedoch abgeschlossen, so gehen auch die damit verbundenen besonderen Interessen und Fähigkeiten verloren. Also lernen 2-Jährige, die in ihrer Umgebung selten Sprache gehört haben, diese nach Abschluss der sensiblen Phase nie mehr so gut.[19] Und 14-Jährige, die nie eine Pampelmuse mit ihrem bitter-sauren Geschmack gekostet haben, werden für den Geschmack von Pampelmusen auch keine Schaltstelle im Gehirn gebildet haben, die bei späteren Denk- und Lernprozessen aktiviert werden könnte. Denn etwa in diesem Alter ist die Ausbildung unseres Geschmackssinns abgeschlossen.

Doch keine Sorge: Das menschliche Gehirn ist nie ganz *fertig*. Seine neuronalen Netze sind sehr flexibel und veränderbar. Besonders in der Jugendzeit zeigt sich dies ausgesprochen deutlich. Aber auch Menschen, die durch Operation oder Unfall Teile ihres Gehirns verloren haben, können – wenngleich mit großen Mühen und vielen Übungen – andere Gehirnteile so aktivieren, dass diese die entstanden Ausfälle ausgleichen.

Wenn sich also zeigt, dass z. B. ein 12-Jähriger in einer früheren Entwicklungsphase des Schreibens seine Augen-Hand-Koordination (seine Schreibbewegungen) nicht ausreichend entwickelt hat, so kann man mit ihm bis zu diesem Entwicklungsschritt zurückgehen und durch verschiedene Übungen seine Schreibbewegungen verbessern. Es wird allerdings länger dauern und für ihn anstrengender sein.

---

[19] Siehe z. B. die Erfahrungen mit so genannten »Wolfskindern«, die ihre ersten Lebensjahre unter Wölfen verbrachten: Sie haben später nie mehr richtig ihre Sprache erlernt.

Wir handeln also am erfolgreichsten, wenn wir Kindern und Jugendlichen jeweils die Lernangebote[20] machen, die zu ihrer aktuellen sensiblen Phase und den damit verbundenen Interessen passen.

Erwarten wir von Heranwachsenden allerdings etwas, das nicht zu ihrer Entwicklungsphase gehört, so fällt es ihnen schwer, unseren Ansprüchen gerecht zu werden: Wenn wir erwarten, dass ein 3-jähriges Kind unsere wortreichen Erklärungen versteht, so ist das nicht angemessen, da sein Wortschatz noch viel zu gering ist. Auch abstrakte Begriffe wie Zeit oder Glück etc. wird es erst später verstehen. Ebenso überfordern wir Jugendliche, wenn wir Regelmäßigkeit und Gleichmut erwarten während einer labilen Phase, in der sie vieles hinterfragen und ausprobieren müssen, um daraus ihre Identität zusammenzusetzen.

Auch entwicklungspsychologische Forschungen zeigen, wie sich das *Denken und Handeln Heranwachsender* in verschiedenen Phasen entwickelt und ändert: Jean Piaget[21] z. B. untersuchte die Denkweise von Kindern und Jugendlichen und fand heraus, dass Kinder erst etwa ab dem 12. Lebensjahr *kritischanalytisch* denken können. Vorher besitzen sie ihre eigene Logik und sehen die Welt viel konkreter. Die Fähigkeit, vom Konkreten zu abstrahieren und dies auf andere Kontexte zu übertragen, entwickelt sich über verschiedene, aufeinander

---

[20] Montessori hat ein umfassendes Verständnis von Lernen: Die Entwicklung der Kinder und Jugendlichen vollzieht sich in der persönlichen Entwicklungsarbeit und beinhaltet die vielfältigsten Lernschritte. Entwicklung bedeutet also letztlich kontinuierliches Lernen auf allen Ebenen.

[21] Montessori waren Jean Piagets (1896–1980) Forschungen aus Genf bekannt.

aufbauende Phasen. In zunehmendem Maße können sich Jugendliche also kritisch-produktiv mit ihrer Umwelt und auch mit uns Eltern auseinander setzen. Sie werden nicht mehr für alle Aussagen konkrete Beispiele brauchen und unsere Diskussionen mit ihnen werden mit Sicherheit interessanter. Und sie werden jetzt auch unsere Witze besser verstehen. Kleine Kinder dagegen erkennen Humor und Ironie noch nicht.

In wichtigen Aspekten treffen sich Piaget und Montessori: So beschreibt Piaget die Entwicklung der Intelligenz als fortwährende Assimilation und Akkomodation (Anpassung) innerer *Schemata* und *Strukturen* an die äußere Wirklichkeit. Auch Montessori meint, dass die Intelligenz eines Kindes nicht langsam und von außen her aufgebaut wird, sondern dass es ein aktiver Beobachter ist und mittels seiner Sinne Eindrücke von außen in sich aufnimmt, diese erprobt, sie für sich weiterentwickelt und so neue Schemata bildet. Kinder und Jugendliche häufen also nicht nur Wissen aus ihrer Umwelt an, sondern gestalten aktiv eigene Muster. Geleitet wird dies von einem inneren Antrieb sowie von bestimmten Vorlieben, nach denen Kinder und Jugendliche unter zahllosen Eindrücken ganz bestimmte für sich auswählen.[22] Grundsätzlich verändern sich alle Denkschemata des Menschen immer wieder durch das Zusammenspiel von Wahrnehmen und Handeln. Erziehung und Bildung sollten dieses Zusammenspiel fördern.

Welche Lernfenster und welche konkreten Entwicklungsschritte zeigen sich in welchem Alter? Weltweit – unabhängig von nationalen und kulturellen Bedingungen – können wir bei

---

[22] Siehe Helga Biebricher/Horst Speichert: Montessori für Eltern. Die Materialien, die Methode. Für Kinder von 2 bis 6. Reinbek: rororo 1999, S. 85.

Kindern und Jugendlichen folgende Phasen beobachten und unterscheiden – wobei die Altersangaben hier nur relative Angaben sind, denn jeder Mensch entwickelt sich in seinem eigenen Rhythmus.

Die sensible Phase von 0 bis 3 Jahren

Von der Geburt bis zum Alter von 3 Jahren besitzen kleine Kinder eine besondere Aufnahmefähigkeit und Aufnahmebereitschaft: Der kindliche Geist absorbiert alles aus seiner Umwelt. Hier zeigt sich beim Menschen die erste intellektuelle Regung, die »Überraschung«.[23] Erst nach Jahren wird die kindliche Wahrnehmung selektiver. Diese Phase ist eine sehr intensive Zeit des Lernens, in der sich Kinder über 80 Prozent ihrer Fertigkeiten durch Nachahmung aneignen. Sie ist auch eine sehr beeinflussbare und labile Phase.

Dabei ist ein Kleinkind für folgende drei Lernbereiche besonders sensibel und offen.

Für die *Bewegung:* In dieser Phase üben Kinder ihre Bewegungen und ihre Sinne, sie speichern ihre Muskelerfahrungen, was wiederum die Entwicklung ihres Gehirns fördert. »Von großer Bedeutung für die Entwicklung des Kindes ist seine eigene, spontane Bewegung. Das Kind kann nur denken, wenn es sich bewegt.«[24] Heute weiß man um den Zusammenhang von Bewegung und Intelligenzentwicklung und stellt doch im-

---

[23] So bezeichnete es der französische Psychologe Theodule Ribot (1839–1916).

[24] Aus Maria Montessori: Grundlagen meiner Pädagogik. Und weitere Aufsätze zur Anthropologie und Didaktik. Wiebelsheim: Quelle & Meyer 1996, S. 13.

mer wieder erschrocken fest, dass viele Kinder beim Einschulungstest sich nicht entsprechend ihrer Alterstufe bewegen können und dass dies genau die SchülerInnen sein werden, die in der Grundschule leistungsmäßig nicht mitkommen.[25]

Die riesige Lernbereitschaft zeigt sich z. B. in dem Eifer, mit dem ein Kleinkind laufen lernt. Wir Erwachsene würden nach dem zwanzigsten Sturz sehr wahrscheinlich sagen: »Gebt mir einen Rollstuhl, das lerne ich nicht mehr.« Kleinkinder hingegen üben unermüdlich, bis sie laufen können.

Für die *Sprache:* Mit welcher Leichtigkeit erlernt doch ein 2-jähriges Kind durch Nachahmung und tägliches Üben innerhalb kurzer Zeit seine Muttersprache. Es achtet in dieser Zeit sehr konzentriert und differenziert auf die verschiedensten Aspekte der Sprache. In dieser sensiblen Phase können Kinder prinzipiell jede Sprache lernen. Als Erwachsener tut man sich da bedeutend schwerer.

Für die *Ordnung:* Das Kind erkundet mit großem Interesse, welche Ordnungen ihm die Umwelt bietet. Jedes kleine Kind sortiert gerne Sachen nach irgendwelchen Merkmalen, steckt gerne Gegenstände in Öffnungen und probiert damit aus, was wozu passt (etwas Rundes passt nicht in eine viereckige Öffnung). Dadurch übt es Ordnungen und schult gleichzeitig seine Feinmotorik.

---

[25] Insgesamt zeigt sich bei Einschulungstests, dass bis zu einem Drittel der Kinder nicht die Anforderungen erfüllen (z. B. mit geschlossenen Füßen fünf Mal hintereinander über eine Linie hüpfen, ein Haus mit Fenstern malen, Aufträge sprachlich verstehen). U. a. führt man dies auf den erhöhten Fernsehkonsum zurück und darauf, dass Eltern – weil beide berufstätig sind – keine Zeit mehr für gemeinsame Erlebnisse haben: für Abzählreime, die Entdeckung der Natur bei Spaziergängen usw.

Die sensible Phase von 3 bis 6 Jahren

Sie ist ebenfalls eine *labile Phase.* Doch hier werden Kinder zu *bewussten Arbeitern.* Sie haben zwischen dem 2. und 3. Lebensjahr ihr Ich entdeckt und erleben sich zunehmend als getrennt von ihren Bezugspersonen. Langsam merken sie, dass ihre Handlungen etwas bewirken und verändern. Gleichzeitig wächst ihr Interesse an anderen Menschen, auf die sie nun fragend und fordernd zugehen.

Auch verfeinern sie ihre Bewegungen und ihren *Tastsinn* (sie wollen alles anfassen, also *greifen* um zu *begreifen*). Mit ca. 4 Jahren probieren sie zu *schreiben* (vielleicht mit Schwungübungen) und fragen: »Was steht denn da?« Mit etwa 5 Jahren üben sie zu *lesen.*

Insgesamt können sich Kinder in dieser Entwicklungsphase sehr konzentriert auf eine Sache einlassen, wobei ihre Konzentration sich auf einen Zeitrahmen von ca. 20 bis 30 Minuten bezieht. Diese konzentrierte Tätigkeit nennt Montessori die Zeit der *großen Arbeit:* Sie stellt den wichtigsten Motor für die kindliche Entwicklung dar, und deshalb sollten wir Erwachsene sie durch eine hierfür geeignete Umwelt fördern.

Die sensible Phase von 6 bis 12 Jahren

Hier handelt es sich um eine *stabile Phase.* Es ist eine Zeit hoher *moralischer und sozialer Sensibilität.* Die Kinder fragen nach Gut und Böse, nach Richtig und Falsch und wollen dadurch etwas über die Normen und Werte und damit die Grundlagen gesellschaftlichen Verhaltens erfahren. Mit Fragen wie »Warum dürfen die Nachbarskinder viel länger am Computer sitzen als ich?«, versuchen sie Werte zu verstehen. Dabei lernen sie *unterschiedliche Perspektiven einer Sache* kennen. Auch nehmen sie ihre unterschiedlichen Gefühle bewusster wahr. Stimmungsschwankungen treten auf: Einerseits unternehmen sie mutig unabhängige Schritte in die Welt, und andererseits überfällt sie eine gewisse Angst davor, was passiert, wenn sie sich von den Eltern lösen. Da schwanken sie zwischen Unabhängigkeit und dem Wunsch, wieder ein anlehnungsbedürftiges Kind zu sein.

Ihr Denken nimmt in dieser Phase noch Bezug auf konkrete und sinnliche Erfahrungen. Sie müssen die Dinge anfassen, sehen, hören, riechen oder schmecken, um sie zu verstehen. Die Fähigkeit, davon zu abstrahieren, entwickelt sich in der Regel erst mit etwa 12 Jahren.

Mit ihren vielen Fragen und ihrer großen Wissbegierde, ihrer *hungrigen Intelligenz,* erforschen sie die Natur und die Erde immer differenzierter. Häufig lieben sie deshalb in der Schule den Heimat- und Sachkundeunterricht. Dabei wollen sie allerdings nicht nur ihren Wissensstand vergrößern, sondern auch das, was sie bereits in ihren Köpfen haben, mit den neuen Informationen verknüpfen. Oft entstehen in dieser Zeit neue Wortkreationen. Durch die Erweiterung und Neuorganisation des Gehirns können sich der Geist und das persönliche Bewusstsein bilden.

Neuere Erkenntnisse über die Gehirnentwicklung belegen die stetige Neuformung und Veränderung des Gehirns und haben ergeben, dass die Großhirnrinde (der frontale Cortex) kein Speicher ist, sondern in ständigem Austausch mit den Gehirnbahnen steht.[26]

---

[26] Aus Hans-Dietrich Raapke: Montessori heute. Eine moderne Pädagogik für Familie, Kindergarten und Schule. Reinbek: rororo 2001, S. 111.

Die sensible Phase von 12 bis 18 Jahren

Diese Phase ist wieder eine *labile Zeit,* vergleichbar den ersten Lebensjahren. Weshalb Maria Montessori auch von einer Art »zweiter Geburt« spricht: die Geburt zu einem sozial und sexuell ausgereiften Wesen. Weil für Montessori der Übergang von der Kindheit zur Jugend einen tiefen Einschnitt in der Entwicklung des Menschen bedeutet, fordert sie auch eine grundlegende Veränderung in der Erziehung Jugendlicher, abgestimmt auf ihre besonderen Bedürfnisse.

Medizinisch ist in der Jugendzeit eine *erhöhte Gefahr der Depression* und eine *erhöhte Sterblichkeits- und Selbstmordrate*[27] festzustellen, worauf Montessori als Ärztin bereits aufmerksam machte. Dies hängt u. a. damit zusammen, dass sich die Entwicklung nicht geradlinig, nicht kontinuierlich und nicht ohne »Pannen« vollzieht, sondern in *Schüben.* Diese sind geprägt von psychischer Destabilisierung, gesundheitlichen Einschränkungen sowie einem Leistungsabfall in der Schule (häufig ab der siebten Klasse). Denn in der Pubertät verdoppelt sich z. B. das Gewicht des Gehirns, die Mädchen bilden mehr Körperfett, die Jungen mehr Muskeln, der Hormonhaushalt gerät zeitweilig durcheinander, das Gehirn bildet viele neue Verknüpfungen und schüttet weniger Melatonin aus, weshalb Jugendliche abends später müde werden und oft zu wenig schlafen.

Die Pubertät ist eine Phase der Krisen: Körper wie Psyche entwickeln sich sprunghaft und ungleichmäßig. Jugendliche lassen sich deshalb schlecht miteinander vergleichen und haben, wie alle Menschen, ihren eigenen Entwicklungsrhythmus.

---

[27] Es sterben mehr Jugendliche durch Selbstmord als bei Verkehrsunfällen.

Sie hassen im Übrigen Vergleiche mit anderen. So ist die Jugendzeit eine Phase, in der die Würde verletzlich ist und ein großes Bedürfnis nach Gerechtigkeit besteht.

Während die Jugendlichen ihren kindlichen Körper verlassen, brauchen sie viel Kraft und Energie. Das ist mit Ängsten und Unsicherheiten verbunden. Manche schämen sich für ihre zu langen Beine oder den zu kleinen Busen. Einer Studie aus Nordrhein-Westfalen zufolge nimmt das *Einverständnis mit sich selbst* bei 10- bis 13-Jährigen rasant ab und baut sich dann erst langsam wieder auf.

Blöde Sprüche über das Aussehen der Teenager verletzen hier also besonders stark, ebenso wie Vergleiche (»Der Tom kann das viel besser als du«) und Ungerechtigkeiten (die Schwester bekommt mehr, darf mehr o. Ä.). Jugendliche reagieren hier schnell überempfindlich und ihr zartes Selbstbewusstsein bricht leicht zusammen. Das Selbstbewusstsein entfaltet sich erst langsam zu einem sicheren Grundgefühl und ist noch von unserer Unterstützung und unserem Zuspruch abhängig. Deshalb ist es gut, wenn wir Jugendlichen dabei helfen, Freude an der eigenen *Schaffenskraft* und *Tüchtigkeit* zu haben und *Vertrauen* in ihr eigenes Können zu entwickeln.

Montessori fasst diese Phase folgendermaßen zusammen: »Die Reifezeit ist durch einen Zustand der Erwartung gekennzeichnet, durch die Bevorzugung von schöpferischen Arbeiten und durch das Bedürfnis, das Selbstvertrauen zu stärken.« Sie ist *eine entscheidende, empfindliche und Rücksicht heischende Periode.*[28] Deshalb brauchen Jugendliche besonderen Zuspruch, vielleicht manchmal mehr, als ihre Handlungen es zulassen.

---

[28] Siehe Maria Montessori: Kosmische Erziehung, a. a. O., S. 133 f.

Montessori betont die Wichtigkeit der Stärkung des jugendlichen Selbstwertgefühls und der Persönlichkeit auch, weil dies die Resistenz gegen Süchte erhöht. Ein Jugendlicher/eine Jugendliche mit einem guten Selbstwertgefühl hat viel eher den Mut, bei Drogen Nein zu sagen. Ferner war Montessori der Meinung, dass Menschen mit einem gestärkten Selbstbewusstsein und Liebe zu sich selbst friedlicher und verantwortungsbewusster sind.

Jugendliche befinden sich – wie Kleinkinder – in einer Phase umfangreicher Veränderungen, in einer großen *Umbauphase,* für die Widersprüche und Schwierigkeiten typisch sind.[29]

In labilen Phasen, so erklärt es die Hirnforschung, besteht eine Art *Überangebot:* Die Synapsen und das Myelin (eine Art Botenstoff im Gehirn) vermehren sich rasant. Und bedingt durch die Wachstumsschübe, die im Körper großen *Stress* auslösen, schwanken der Dopamin-[30] (regt an und macht neugierig auf Neues) und der Serotoninspiegel (beruhigt) im Gehirn. Diese Neurotransmitter sorgen bei Jugendlichen mal für Abenteuerlust und Risikobereitschaft und mal für Vorsicht und Lustlosigkeit. So wächst jetzt neben ihrem *Bedürfnis nach Beschäftigung* und Aktivität auch ein *Bedürfnis nach Einsamkeit* und Ruhe. Während die Tochter vielleicht vor kurzem noch jeden Tag unterwegs war, sitzt sie auf einmal nur noch alleine in ihrem Zimmer und tut gar nichts. Die Gehirnforschung würde dazu sagen, ihr Serotoninspiegel sei angestiegen. Vielleicht hängt sie jetzt Tagträumen nach, die für die menschliche

---

[29] Siehe z. B. bei Barbara Strauch: Warum sie so seltsam sind, a. a. O., S. 26 ff.
[30] Kokain z. B. regt den Dopaminspiegel deutlich an.

Psyche sehr gut sind. Solche gravierenden Umstrukturierungen sind übrigens bei allen Säugetieren festzustellen.

Dieser *große Wandel, den das Gehirn Jugendlicher vollzieht,* wirkt sich zwangsläufig auf die Art und Weise aus, wie Jugendliche mit ihrer Umwelt in Beziehung treten. Viele Beispiele aus dem Familienalltag bestätigen das: So deuten Jugendliche soziale Situationen, wie etwa den Gesichtsausdruck ihres Gegenübers, nicht mit Hilfe des präfrontalen Cortex (eine Art vernünftige Zwischeninstanz zwischen Instinktreaktionen, Gefühlen und Vernunft, also das, was wir unter »Gewissen« verstehen), sondern mit Hilfe des so genannten Mandelkerns, dem Sitz für Instinktreaktionen (z. B. Wut). Es kann uns also passieren, dass wir angestrengt unsere Tochter/unseren Sohn anschauen und diese unseren Gesichtsausdruck völlig *fehlinterpretieren,*[31] indem sie meinen, wir seien ärgerlich auf sie. Erst mit dem Wachstum des präfrontalen Cortex lernen die Jugendlichen: Wütend zu sein ist in Ordnung, aber deswegen alles kurz und klein zu schlagen geht nicht. Sie werden mit der Zeit wieder ruhiger und zielstrebiger.

Insgesamt geht mit etwa 11 bis 12 Jahren die *Geschwindigkeit, mit der Kinder die Gefühle anderer erkennen,* um ca. 20 Prozent zurück. Diese Reaktionszeit bleibt dann jahrelang verlangsamt. Doch gleichzeitig setzen wir bei den zunehmend erwachsen aussehenden Jugendlichen voraus, dass sie Situationen und andere Menschen *richtig* einschätzen können.

Auf Grund dieser inneren Veränderungen fällt es Jugend-

---

[31] In einer neueren Untersuchung zeigte sich beispielsweise, dass Jugendliche zwischen 12 und 18 Jahren den Gesichtsausdruck und die Gefühle ihres Gegenübers nicht richtig einschätzen konnten, was zu Verunsicherungen bei den Teenagern führte. Vgl. ›Spiegel spezial‹, Nr. 4/2003.

lichen *schwer, sich zu konzentrieren und mehrere Sachen im Kopf zu behalten.* Es ist also nicht immer Böswilligkeit, wenn Jugendliche nicht alle unsere Aufträge ausführen, vielmehr haben sie die meisten vergessen. Sie ärgern sich deswegen sogar oft über sich selbst, da sie auch ihre eigenen Angelegenheiten leicht vergessen und sich aus Versehen etwa mehrmals verabreden.

Zwischen dem 10. und 18. Lebensjahr leisten die Jugendlichen enorm große Entwicklungsarbeit, indem sie ihre *eigene Persönlichkeit aufbauen.* Das ist nicht leicht für sie. Vor allem auch deshalb nicht, weil wir häufig ganz andere Erwartungen an sie stellen. Sie wollen jetzt die grundlegenden Fähigkeiten und Fertigkeiten, die sie in den Kinderjahren erworben haben, also *ihr Können, aktiv anwenden.* Durch viele Versuche und Kraftakte müssen sie jetzt alles das, was sie wissen, zusammensetzen und so ihre eigene Identität und ein realistisches Eigenbild finden.

Es ist eine Zeit, in der die Heranwachsenden allerlei ausloten müssen: »Ich weiß nicht, wo meine Grenzen sind, ich will sie herausfinden. Ich will wissen, wozu ich fähig bin.« Sie finden nun den Gedankenaustausch mit Gleichaltrigen wichtiger als Schule und Familie. Dabei suchen sie auch ihre eigenen Lebensmotive, die den Antrieb für ihre Lebensentscheidungen bilden werden. Sie handeln nicht mehr entsprechend dem, was ihre Eltern wollen oder für gut halten, sondern sie finden eigene Beweggründe, die sie zu Handlungen und Entscheidungen motivieren.[32]

---

[32] Es gibt mindestens 16 Lebensmotive, zu denen neben »Machtstreben« und »Anerkennung« auch »Sparen« und »Spaß« gehören. Vgl. dazu Helmut Fuchs/Andreas Huber: Die 16 Lebensmotive. Was uns wirklich antreibt. München: dtv 2002.

In besonderem Maß suchen Jugendliche ihre *Rolle in der Gesellschaft* und wollen ihre *eigenen Entscheidungen treffen.* Deshalb ist es grundsätzlich stimmig, in dieser Zeit die ersten Weichen für das zukünftige Arbeitsleben zu stellen. Hierin zeigt sich auch das wachsende *Bedürfnis Jugendlicher nach Unabhängigkeit.*

Teenager suchen nach *eigenen Standpunkten.* Sie wollen das Leben und seine Gesetzmäßigkeiten verstehen. Wie wirken Regeln und Handlungen auf andere, wie gehen sie damit um? Sie wollen sich mit anderen messen, schöpferische Selbstverantwortung übernehmen. Dabei fällt auf, dass sich Jugendliche in der Gruppe oft völlig anders verhalten, als wenn wir mit ihnen alleine sind. Erwachsene erwarten Eindeutigkeit und sind deshalb häufig frustriert. Doch Jugendliche müssen Standhaftigkeit erst noch lernen und sind mal so und mal anders.

Jugendliche lösen sich allmählich von der Familie, sie lassen sich nicht mehr hineinreden und erzählen FreundInnen häufig mehr als den Eltern. Zwar wollen sie sich von ihren Eltern kulturell, sozial und normativ absetzen, doch sie wollen auch deren Standpunkte kennen lernen. Indem wir ihnen unsere Positionen klarmachen, bieten wir ihnen Gelegenheit, ihre eigenen zu finden. Sie erkennen jetzt, dass unsere Meinung nicht immer zu ihrer passt.

Hinzu kommt, dass sie unser Verhalten kritischer betrachten: »Bitte lache aber nicht wieder so albern, wenn mein Freund kommt.« Oder: »Könntest du bitte aufhören, meinen Freundinnen deine Witze zu erzählen.« Manchmal finden sie uns regelrecht peinlich. Nachdem wir ihnen jahrelang gutes Benehmen beigebracht haben, werden sie nun uns bitten, dass auch wir uns in ihrem Rahmen angemessen verhalten.

Aus allen diesen Beschreibungen des Jugendalters lassen sich folgende *drei grundlegende Bedürfnisse* zusammenfassen:

1. das Bedürfnis nach Schutz und Rücksicht,
2. das Bedürfnis, die Rolle, die der Jugendliche als Erwachsener in der Gesellschaft einnehmen will, zu begreifen,
3. das Bedürfnis nach Anerkennung, also die Stärkung des Selbstwertgefühls, und nach Achtung der persönlichen Würde.

Schule und Familie sind wichtige Lebensorte, an denen Jugendliche jene Erfahrungen machen können, die sie auf das eigene Leben vorbereiten und die gleichzeitig diesen drei Grundbedürfnissen Rechnung tragen. Insofern sind Schule und Familie Orte der vorbereiteten Umgebung.

Haben wir Erwachsene nun überhaupt die notwendige Toleranz gegenüber der Andersartigkeit unserer Jugendlichen? Erst wenn wir beobachten und nachfragen, können wir in einigen Situationen das Verhalten der heranwachsenden Tochter oder des Sohnes vielleicht besser verstehen und haben die Möglichkeit, den Jugendlichen positiv zu unterstützen, ihm zu helfen und ihn zu begleiten.

Wir Eltern wissen viel, aber wir wissen nicht alles besser. Deshalb brauchen wir uns mit unserer Moral, unseren Meinungen und unseren Erwartungen nicht über unsere Kinder zu stellen: Die Kinder und Jugendlichen kennen ihren Weg letztlich selbst.

Wenn wir dieses Menschenbild zu Grunde legen, lassen sich daraus angemessene Erziehungsziele und methodische Anregungen ableiten. Was dürfen bzw. können Eltern von Jugendlichen erwarten und was sind unsere pädagogischen Aufgaben?

Erziehungsziele

Erziehung, auch wenn wir Eltern uns dessen nicht immer bewusst sind, *ist immer zielgerichtet,* anders z. B. als die Sozialisation. Deshalb ist es wichtig, sich als Eltern zu fragen, wohin unsere Erziehung führen soll. Streben wir als Ziele für unsere Kinder eine hohe Schulbildung, Sparsamkeit, handwerkliches Geschick oder Sportlichkeit, Mut usw. an? Oft unterscheiden sich auch Elternteile hinsichtlich ihrer Erziehungsziele.

Wenn wir uns der Grundthese Montessoris anschließen, dass jeder Mensch einen individuellen inneren Bauplan besitzt, dann muss dieser Bauplan die Grundlage für unsere Erziehungsziele bilden. Oberstes Erziehungsziel bei Montessori ist *die Verwirklichung des eigenen Bauplans.* Bei optimaler Umsetzung dieses individuellen Planes, das heißt innerhalb eines kind- und jugendgerechten Rahmens, reift ein *normaler Mensch* heran. Wobei sich »normal« hier nicht auf die gesellschaftlichen Normen bezieht, sondern die *natürliche* Entwicklung meint. »*Werde, der du bist*« war ja schon die Auffassung vieler kluger Menschen wie Rousseau, Pestalozzi oder Goethe.

Wenn sich dieser persönliche Bauplan entfaltet, werden zugleich auch unterschiedlichste Erziehungsziele realisiert. Denn der menschliche Bauplan sorgt dafür, dass Menschen

- Selbstständigkeit und Unabhängigkeit erreichen,
- die Welt nicht nur wahrnehmen, sondern auch handelnd auf sie einwirken können,

- Selbstbewusstsein entwickeln,
- Zufriedenheit und Vertrauen zu sich selbst gewinnen,
- achtsam gegenüber ihren Mitmenschen und ihrer Umwelt (sozial-ethische Kompetenz) sind,
- ein kosmisches Bewusstsein entwickeln (wir sind ein kleiner Teil eines größeren Ganzen und haben einen kosmischen Auftrag),
- die Fähigkeit gewinnen, sich realistisch einzuschätzen, sich realistische Ziele zu stecken und diese umzusetzen (Selbstverantwortung),
- die Bereitschaft haben, aktiv am Gesellschaftsleben teilzunehmen,
- einen *geordneten Geist aufbauen* (die Welt und ihre Strukturen kennen lernen und neues Wissen darin einordnen können).

Das sind sehr hohe Ziele. Sie stellen die Basis für wichtige Schlüsselqualifikationen dar, die junge Menschen erst in die Lage versetzen, eigene Berufswünsche zu formulieren und ihr Leben selbstständig und erfolgreich zu planen. Nur wenn Jugendliche sich realistisch einschätzen und mit ihren Stärken und Schwächen akzeptieren können, wenn sie ein positives Selbstwertgefühl und notwendige Kompetenzen (fachlich, sprachlich usw.) entwickelt haben, dann sind sie motiviert, eigene Lebenskonzepte zu suchen und umzusetzen.

Nach Montessori sind die Schullaufbahn und ein erfolgreicher Schulabschluss nicht in erster Linie wichtig, sondern die Entfaltung der ganzen Personalität. Folgende fünf wichtige Qualitäten[33], die ein Mensch in der Gesellschaft brauche, nannte Montessori:

---

[33] Maria Montessori: Kosmische Erziehung, a. a. O., S. 130.

1. Mut,
2. einen stabilen Charakter,
3. einen schnellen Verstand,
4. moralische Grundsätze,
5. praktische Fähigkeiten.

Immer mehr setzen sich diese Ziele (im Sinne von Schlüssel-qualifikationen) auch in unseren Bildungseinrichtungen durch.[34] Nicht die SchulabgängerInnen mit einem guten Schul-abschluss haben die besten Berufsaussichten, sondern diejenigen, die wissen, was sie können und wollen, und die motiviert sind, ihr Leben selbstständig in die Hand zu nehmen.

Als Eltern sollten wir uns also unsere Ziele, unsere Erwartungen und die Maßstäbe für unser Handeln klarmachen. Dabei wird uns auffallen, wie oft wir ungeduldig darauf drängen, dass unsere Söhne und Töchter die Welt mit unseren Augen und aus unserer Perspektive sehen, nämlich aus der Perspektive eines »klugen« Erwachsenen – aber werden wir da noch den Bedürfnissen unserer Töchter und Söhne gerecht?

Als Eltern und LehrerInnen sollten wir deshalb nicht viele konkrete, unverrückbare Erziehungsziele festlegen. Stattdessen zeigen uns die in jedem Menschen angelegten, die individuellen Möglichkeiten den Weg und bestimmen die Ziele. Wir Eltern haben die Aufgabe, die Stärken und Interessen unserer heran-wachsenden Söhne bzw. Töchter zu erkennen und sie zum Ausgangspunkt unserer Erziehung zu machen.

Solange wir unsere Kinder nicht in ihre Entwicklungsschritte zwingen, sondern ihnen die Hilfe und Unterstützung anbieten,

---

[34] Vgl. auch die Schlagworte aus den Förderkatalogen der Jugendberufs-hilfe.

die sie gerade brauchen, werden sie sich positiv entwickeln. Während meiner Arbeit in der Jugendberufshilfe konnte ich das immer wieder erleben: Einer unserer Jugendlichen, nennen wir ihn Thomas, würde als geschickter, pflichtbewusster und umgänglicher Jugendlicher leicht einen Ausbildungsplatz bekommen – da waren wir KollegInnen uns sicher. Nachdem ein Gärtner ihm eine Lehrstelle angeboten hatte, konnte Thomas nicht Ja sagen. Vielmehr überfielen ihn massive Angstzustände, ob er dieser Ausbildung wirklich gewachsen war. Nachdem wir unsere vernünftigen Argumente beiseite ließen (»Wie kann man nur so eine Chance ablehnen und was willst du sonst finden?«) und seine Schwierigkeiten ernst nahmen, verlief sein Weg ganz anders. Jetzt hat er eine Ausbildungsstelle als Goldschmied gefunden und ist genau am richtigen Platz.

Oder das Beispiel des 17-Jährigen, der im berufsvorbereitenden Lehrgang immer zu spät kam. Es gab die Regel, dass jeder, der wiederholt zu spät kommt, eine Abmahnung erhält und eventuell entlassen wird. Als er, nennen wir ihn Sven, trotz aller Abmahnungen und Ermahnungen immer noch zu spät kam, gab es großen Ärger. Da begann dieser sonst so selbstbewusst wirkende Jugendliche vor der ganzen Gruppe zu weinen und erklärte, er sei ja schon froh, dass er überhaupt komme, da er sich nachts nicht vom Computer trennen könne und erst gegen Morgen einschlafe. Deshalb habe er auch seinen Hauptschulabschluss nicht geschafft. Dabei ist Sven ein sehr intelligenter junger Mann, dem man sogar zutrauen könnte, das Abitur zu bestehen. Auch hier mussten wir unsere Erwartungen und Regeln der Situation Svens anpassen. Er bekam drei Wecker geschenkt: einen, der ihn nachts daran erinnerte, den Computer auszumachen, einen, der ihn weckte, und einen dritten, der ihn morgens zum Aufbruch ermahnte. Wenn er dann nur noch eine

Stunde zu spät in den Lehrgang kam, wurde er von uns für die Verbesserung gelobt. Es gelang ihm immer häufiger, pünktlich zu sein, und er hat bereits seinen Hauptschulabschluss erfolgreich bestanden und besucht nun die Abendrealschule.

Wir werden mehr Erfolg in der Erziehung und Bildung haben, wenn wir die Jugendlichen da abholen, wo sie jeweils stehen, und das heißt, mit ihnen gemeinsam nach ihren Möglichkeiten, Wegen und Zielen zu suchen. Es reicht nicht, sie mit einem guten Schulabschluss zu beauftragen, ohne die ganze Persönlichkeit zu verstehen und zu fördern.

Dazu ist viel Vertrauen in die Jugendlichen notwendig. Stattdessen sorgen wir Eltern und LehrerInnen uns oft darum, ob Jugendliche ihre Ziele auch wirklich einschätzen und erreichen können. Der deutsche Jugendgipfel, der im November 2003 am Bodensee stattfand, hat gezeigt, wie viele gute und wichtige Ideen Jugendliche für unsere politische und gesellschaftliche Zukunft entwickeln können.[35] Und wie viel trauen wir *unseren* Töchtern und Söhnen zu?

Nach Maria Montessori besitzt jeder Mensch einen positiven, liebenswerten inneren Bauplan und ist somit von Geburt an ein guter Mensch. Als pädagogische Antwort auf die Bedürfnisse des Jugendalters formulierte sie ein besonderes Modell der Jugenderziehung für das Alter zwischen 12 und 18 Jahren, den so genannten »Erdkinderplan«.

---

[35] Siehe den ›Südkurier‹ vom 15. 11. 2003, S. 5.

Der Erdkinderplan: Ein Modell der Jugenderziehung nach Maria Montessori

Bereits Ende der dreißiger Jahre hat Montessori in einigen Vorträgen ihre Ideen zu einer angemessenen Jugenderziehung dargelegt. Doch erst 1950 wurde in Amsterdam das erste Montessori-Lyzeum gegründet. Mittlerweile gibt es vor allem in Nordrhein-Westfalen und in Bayern weitere Montessori-Sekundarschulen, meist bis zum 10. Schuljahr, einige wenige – wie in Krefeld, Bad Honnef und Hofheim im Taunus – bis zum Abitur.[36] Allerdings sind in Deutschland bisher nur wenige Versuche unternommen worden, die Gesamtidee des Erdkinderplans umzusetzen, einer davon ist das Erdkinderprojekt Eberharting im bayrischen Lohkirchen.

Der Erdkinderplan wirkt in seiner ursprünglichen Form[37] wie ein radikales theoretisches Konzept der Jugenderziehung. Er klingt teilweise altmodisch und sehr idealistisch. Um ihn für die heutige Zeit zu erschließen, bedarf es einiger Interpretationen. Und doch bietet der Erdkinderplan wichtige Antworten auf aktuelle Bildungs- und Erziehungsfragen.

---

[36] Siehe auch das spätere Kapitel »Die Verbreitung der Montessori-Einrichtungen«, S. 151.

[37] Montessoris Ausführungen über den Erdkinderplan sind vorwiegend in dem Kapitel »Das Erdkind« in ihrem Buch ›Von der Kindheit zur Jugend‹ (Freiburg: Herder 1979) und in der französischen Übersetzung von G. J. J. Bernard, ›De L'enfant à l'adolescence‹ (1948), zu finden.

Der Erdkinderplan, auch Erfahrungsschule des sozialen Lebens genannt, formuliert Montessoris radikale Kritik am Schulsystem und an der Erziehung ihrer Zeit und zeigt Alternativen auf. Letztlich sollten *alle Erziehungsinstitutionen* – also neben Kinderhaus und Schule *auch die Familien – eine Erfahrungsschule des sozialen Lebens* sein.

Zur Zeit Maria Montessoris sahen die Schulen sicher anders aus als heute, und doch klingt ihre grundsätzliche Kritik sehr aktuell: Z. B. wird im Erdkinderplan dem zunehmenden Wunsch nach einer Sekundarschule Rechnung getragen, die ihre SchülerInnen auf das Leben vorbereitet. Dies in einer Umgebung, in der Jugendliche verschiedenste Lern- und Arbeitsformen kennen lernen und in der die soziale Erziehung, die Selbstständigkeit sowie die Unabhängigkeit bewusst gefördert werden.

Das sind Forderungen, die derzeit nicht nur Eltern äußern, sondern die auch auf bildungspolitischer Ebene diskutiert werden. Spätestens seit der PISA-Studie ist klar, dass sich in der Familienerziehung und im Bildungssystem (Kindergärten und Schulen) einiges ändern muss. Das heißt etwa: weg vom Frontalunterricht, Fächer und SchülerInnen miteinander in Beziehung setzen, den individuellen Entwicklungs- und Lernrhythmus der Kinder und Jugendlichen stärker berücksichtigen und mehr Verantwortung in die Hände der Jugendlichen legen.

Bis heute wechseln in den weiterführenden Schulen in jeder Stunde LehrerInnen und Unterrichtsstoff. Sie wechseln ohne sinnvollen Zusammenhang nach 45 bzw. 90 Minuten, egal, wie sich die einzelnen SchülerInnen auf die Themen eingestellt haben. Man beschränkt sich darauf, viel Wissensstoff zu vermitteln ohne Sinnlichkeit, ohne seinen wahren Sinn herauszustellen und ohne die Eigenaktivitäten der SchülerInnen zu fördern.[38] Die unbelebte Materie wird genauso gelehrt wie die Produkte des Lebens.[39] Die Schulen sind zu sehr von der Welt abgeschlossen, und vieles fehlt, um die ganze Personalität der Jugendlichen (seelisch und körperlich) zu fördern.

Montessori forderte hingegen: »*Die Schule als eine Einrichtung der Wissensvermittlung zu betrachten, ist ein Standpunkt; ein anderer besteht darin, die Schule als eine Vorbereitung für das Leben aufzufassen. In letzterem Fall muss die Schule alle Lebensbedürfnisse befriedigen. Eine Erziehung, die darin besteht, das Kind zu korrigieren oder es dahin zu bringen, dass es die Unterdrückung seiner Existenz annimmt, ist eine Erziehung, die das Kind in eine Anomalie hineindrängt.*«[40]

Bis heute fällt es heranwachsenden SchülerInnen schwer, Ja zu dem zu sagen, was in den Schulen von ihnen gefordert wird. Sie könnten und würden gerne mitbestimmen, sie wären gerne selbstständiger und unabhängiger, doch unsere Sekundarschulen sind noch weit entfernt von Demokratie und Mündigkeit – wie auch die Familien.

Letztlich ist die heutige Schule eine der letzten *totalitären* Einrichtungen unserer Gesellschaft: Obwohl wir gesetzlich einerseits ein Grund*recht* auf Schule haben, besteht andererseits eine Schul*pflicht*, der sich kein Kind und kein Jugendlicher entziehen kann. Selbst den Dienst bei der Bundeswehr darf man verweigern.

---

[38] Es lässt sich leicht ausrechnen, wie viel Zeit den einzelnen SchülerInnen (bei einer Klassenstärke von bis zu 33 Kindern) in einer 45-Minuten-Schulstunde an Redezeit und eigener Arbeitszeit bleibt, wenn der Lehrer/die Lehrerin den Lernstoff darstellen muss.

[39] Siehe Maria Montessori: Kosmische Erziehung, a. a. O., S. 130–133.

[40] Maria Montessori: Von der Kindheit zur Jugend. Freiburg: Herder 1979, S. 27.

Wie wäre es, wenn die Schulen – wie in Grundschulen oder an vielen Alternativschulen zunehmend der Fall – kind- und jugendgerechter würden und sie das Lerninteresse der Einzelnen wach hielten? Denn nichts können Kinder von Natur aus besser als lernen. Vermutlich würde sich endlich das Recht (statt der Pflicht) auf Schule durchsetzen. Oder würde dann niemand mehr in die Schule gehen? Die Anzahl der Schulverweigerer, die stetig wächst, ist an Montessori-(Sekundar-)Schulen viel geringer. Dennoch können Montessori-Schulen im Leistungsvergleich mit den öffentlichen Schulen mithalten.

Montessoris Erfahrungsschule des sozialen Lebens will den Bedürfnissen Jugendlicher gerecht werden und bietet einen lebendigen Alltag, in dem Heranwachsende ohne Belehrung und Bevormundung und ohne eine einseitige intellektuelle Förderung durch eigenständiges Handeln, Denken, Fühlen und Urteilen in ihrer gesamten Persönlichkeit reifen und sich entfalten können.

»Die Freude, das Selbstwertgefühl, sich von anderen anerkannt und geliebt zu wissen, sich nützlich und fähig zu fühlen, das sind die Faktoren von ungeheurer Bedeutung für die menschliche Seele. Schließlich bilden das Selbstwertgefühl und die Möglichkeit, an einer sozialen Organisation teilzuhaben, lebendige Kräfte. Und das gewinnt man nicht, indem man nur Lektionen auswendig lernt oder Probleme löst, die nichts mit dem praktischen Leben zu tun haben. Das Leben muss zum zentralen Punkt werden und die Bildung zum Mittel.«[41]

Um die Selbstständigkeit und Würde der Jugendlichen zu fördern, sollen sie in Montessoris Modell der Jugenderziehung u. a. auch in *wirtschaftliche Unabhängigkeit* geführt werden und

---

[41] Aus Maria Montessori: Kosmische Erziehung, a. a. O., S. 144.

die Verantwortung für den gemeinsamen Alltag mittragen. Die jungen Menschen sollen in den Stand versetzt werden, mit eigener Arbeit Geld zu verdienen. Dadurch gewinnen sie an Würde und wachsen insgesamt an der »Realität des Lebens«[42]. Wir Eltern *schenken* jedoch unseren Kindern Taschengeld, unabhängig von geleisteter Arbeit, und *schonen* sie sogar oft vor einer Mitarbeit, z. B. im Haushalt.

Desgleichen werden SchülerInnen nach wie vor ohne ausreichende Vorbereitung auf das Leben und die Gesellschaft von den Schulen entlassen. Sie müssen viele Lebenserfahrungen ohne Begleitung und Hilfe machen. Viel klüger und notwendiger wäre es, die »*Übungen des täglichen Lebens*«[43] aus den Kinderhäusern in den weiterführenden Schulen fortzusetzen. Damit wäre auch die *notwendige Ordnung und Verbindung zwischen allen Entwicklungsphasen,* von der Kindheit bis zur Reife, vom Kinderzimmer bis zur Universität bzw. Berufsausbildung, hergestellt.

Unser Bildungs- und Erziehungsauftrag sollte also nicht in erster Linie darin bestehen, »für eine Laufbahn vorzubereiten«, sondern »die Entfaltung der ganzen Personalität des Jugendlichen zu beschützen und zu begünstigen«,[44] damit die Kinder zu selbstständigen, aktiven Mitgliedern der Gesellschaft werden.

In anderen Worten: Bildung und Erziehung sind nicht als getrennt voneinander zu verstehen und sollen neben der Sachkompetenz die sittliche und soziale Kompetenz fördern.[45]

Ein Bildungsgrundsatz der Erfahrungsschule des sozialen Le-

---

[42] Aus Maria Montessori: Kosmische Erziehung, a. a. O., S. 136.

[43] Bei denen Vorschulkinder z. B. Hände waschen, Verschlüsse schließen, Blumenpflege, Tisch decken üben.

[44] Aus Maria Montessori: Kosmische Erziehung, a. a. O., S. 131.

[45] Siehe das Schulkonzept der Schulen im Montessori-Landesverband Bayern vom Juni 2002, S. 24.

bens lautet: »*Einzelheiten lehren bedeutet Verwirrung stiften. Die Beziehung unter den Dingen herstellen bedeutet Erkenntnisse vermitteln.*«[46] Dabei werden Kopf, Herz und Hände gleichermaßen gefördert. Denn »*Menschen, die Hände, aber keinen Kopf haben, und Menschen, die einen Kopf, aber keine Hände haben, sind in der modernen Gesellschaft in gleicher Weise fehl am Platze.*«[47]

Und ein weiterer Grundsatz besagt: »*Die besten Methoden sind diejenigen, die beim Schüler ein Maximum an Interesse hervorrufen, die ihm die Möglichkeit geben, selbst seine Erfahrungen zu machen, und die erlauben, die Studien mit dem praktischen Leben abzuwechseln.*«[48]

Die Praxis zeigt, dass Erfahrungen, die durch praktisches Arbeiten gewonnen werden, im Wechsel mit Unterrichtsstunden die Energie bei den Heranwachsenden erhöhen. Viele SchülerInnen blühen auf, wenn sie zusätzlich zum theoretischen Unterricht Berufspraktika absolvieren.

Um diese ganzheitliche Bildung und Erziehung zu ermöglichen, plädiert Montessori für die Abschaffung der herkömmlichen Schule und der Erziehung in der Familie für die Altersgruppe von 12 bis 18 Jahren. Da auch Montessori die Reifezeit der Jugendlichen als eine schwierige Periode ansieht, findet sie es besser, wenn diese fern von ihrer gewohnten Umgebung auf dem Lande leben. Neben den Wohltaten eines Aufenthalts Jugendlicher an der frischen Luft betont Montessori die Arbeit auf dem Land. Die Bezeichnung »Erdkinderschule«[49]

---

[46] Maria Montessori: Kosmische Erziehung, a. a. O., S. 126.

[47] Ebd., S. 131.

[48] Ebd., S. 154.

[49] Montessori selbst benutzt den deutschen Ausdruck »Erdkinder«, nicht aber die Bezeichnung »Erdkinderplan«. Er wird in der Sekundärliteratur verwendet.

steht einerseits für das Leben auf dem Land und die gemeinsame Bewirtschaftung der Erde, andererseits meint Montessori damit auch eine Schule, die allen Kindern dieser Erde – egal, welcher Herkunft – offen steht. Damit hebt sie nicht nur nationale Grenzen in der Erziehung auf, sondern berücksichtigt auch die Integration schwächerer oder behinderter Kinder, erkennt die Chancen des gemeinsamen Wachstums.

Montessori stellt sich *ein Dorf auf dem Land* vor, wo die Heranwachsenden viele Gelegenheiten für soziale Erfahrungen haben und unterschiedlichste Arbeiten übernehmen. Zu dieser Einrichtung gehören ein moderner *Bauernhof,* ein *Gasthaus* der »Landkinder«, ein *Geschäft* und *Wohnhäuser,* in denen Jungen und Mädchen gemeinsam mit einem Ehepaar leben. Dabei nimmt das Ehepaar in einer familiären Atmosphäre moralischen und schützenden Einfluss.

Auf dem Bauernhof können die Jugendlichen Kultur von ihren Ursprüngen her verstehen lernen. Die Arbeit mit der Erde ist für Montessori der Zugang zum unbegrenzten Studium der Naturwissenschaften und der Geschichte. Die Ernte bietet eine Einführung in den sozialen Mechanismus der Produktion und des Warentauschs, indem die Produkte im Geschäft oder im Gasthaus selbstständig verkauft werden. Das Kennenlernen der ersten Produktionsweise der Menschheit (die Landwirtschaft) sowie der Ursprünge der Ökonomie (Handel mit den produzierten Gütern) ermöglicht auch die Heranführung an die menschliche Kultur. Die Jugendlichen übernehmen selbst unterschiedliche Aufgaben: bei der Produktion, beim Handwerk, bei der Verwaltung und Dienstleistung – begleitet und unterstützt von Erwachsenen. Im Erdkinderplan ist also die Dreiteilung unseres Sekundarschulwesens (Hauptschule, Realschule, Gymnasium) aufgehoben und unser klassischer Bildungskanon[50] erweitert.

Allerdings will Montessori aus den Jugendlichen nicht Bauern und Bäuerinnen machen. Dieses Landschulleben bietet wichtige Grunderfahrungen – und über die vielen praktischen Arbeiten, die Erfahrungen gesellschaftlichen Zusammenlebens und die Suche nach den eigenen Ausdrucksmöglichkeiten hinaus kann ein Interesse für Naturwissenschaften oder Geschichte angeregt werden.

Die Erfahrungsschule des sozialen Lebens ist ein Ort des Lernens und der Entwicklung. Zwar lehnte Montessori einen von vornherein festgelegten Arbeitsplan hierfür ab, doch sie hat einen Studien- und Arbeitsplan konzipiert, der als Orientierung dienen soll. Danach sollten im Jugendalter folgende drei Bereiche *gepflegt* werden.

1. Die Moral

Hiermit ist nicht nur die sittliche Moral, sondern das sozialmoralische Empfinden insgesamt gemeint. Es geht um das, was wir heute unter Kommunikation verstehen, um zwischenmenschliche Beziehung, Achtung voreinander und um angemessene Regeln statt Anordnungen. Dabei sind *drei Prinzipien* wichtig:

- Wir sollten Jugendliche nicht wie Kinder behandeln, sondern ihre empfindliche Würde dadurch fördern, dass wir ihrem Tun und ihren Erfolgen mehr Anerkennung zukommen lassen, als sie tatsächlich verdienen.

---

[50] Manche private Montessori-Sekundarschulen – z. B. in Krefeld und Hofheim im Taunus – sind dementsprechend Gesamtschulen.

- Jugendliche brauchen genügend Freiheit für ihre individuellen Initiativen. Damit diese Freiheit fruchtbar umgesetzt wird, benötigen sie einen festen Rahmen, der bei all ihrem Handeln richtungsweisend ist.
- Dessen Regeln sollen von der Sache her bestimmt sein und nicht »von oben herab« angeordnet werden.

2. Der Leib

Hinter diesem altmodisch klingenden Wort verbirgt sich alles, was mit körperlicher Aktivität einhergeht:

- Sport: Wandern, Gymnastik usw.,
- körperliche Arbeiten,
- gesunde Ernährung,
- Suchtprävention.

Erziehung hat demnach die Aufgabe, Jugendliche zu sportlicher Betätigung zu ermuntern sowie ihrer Körperlichkeit (entsprechend ihren großen körperlichen Veränderungen) und ihrem Essverhalten besondere Aufmerksamkeit zu widmen. Gerade heute rücken diese Aspekte wieder stärker ins Blickfeld, da der verbreitete Konsum von Medien wie Fernsehen und Computer für starken Bewegungsmangel sorgt. Zudem belegen Studien, dass ein Großteil junger Menschen sich von nährstoffarmem Fastfood, voll von Dickmachern, ernährt, dass jeder dritte Jugendliche an Übergewicht und ein weiterer, wachsender Teil unter gestörtem Essverhalten (etwa Magersucht) leidet. Auch zur Suchtprävention machte sich Montessori Gedanken. Tabak und Alkohol zu verbieten reicht bei weitem nicht aus – viel eher schützen Ich-Stärke und Selbstbewusstsein vor Sucht.

3. Programme und Methoden

Heute würden wir darunter die Erziehungs- und Bildungsinhalte verstehen. Montessori nennt hier drei Bereiche:

- Erstens sollen Heranwachsende darin gefördert werden, ihren *persönlichen Ausdruck* zu finden, und zwar durch Anreize von außen und praktische Übungen. Montessori legt hierbei mehr Wert auf die Freisetzung eigener innerer Kräfte als auf das Aufnehmen von klassischen Bildungsinhalten. Die Musik, die bildenden Künste sowie die Sprache, die Rhetorik und auch das Theaterspielen übernehmen dabei unterstützende Funktion. Von Bedeutung ist jedoch der persönliche Ausdruck eigener Empfindungen, nicht das Beherrschen der dafür notwendigen Techniken.

- Die *Förderung der schöpferischen Elemente des psychischen Seins* macht den zweiten Bereich aus. Nach Montessori verfügt jeder Mensch über drei schöpferische Elemente: die Moral, die Mathematik und die Sprachen. Diese sollten geordnet, strukturiert und reflektiert werden. Die moralische Erziehung sorgt für Ausgeglichenheit. Die mathematische Erziehung hilft, unsere Welt zu begreifen. Und die Sprachentwicklung ist ein Teil der Personalität selbst, mit der sie sich ausdrückt, mit der sie nach Sinn sucht und mit der sie ihr Wissen sammelt.

- Und schließlich geht es darum, die Jugendlichen mit ihrer Kultur in Beziehung zu setzen (anhand der Fächer Biologie, Botanik, Zoologie, Geologie, Kosmografie, Astronomie, Physik, Chemie). Wobei Montessori hier nicht das Vermitteln von Kulturwissen meint, sondern das *Damit-in-Beziehung-Setzen* betont. Letztlich entspricht dies ihrer Idee der *kosmischen Erziehung*, es soll also die Erkenntnis vermittelt

werden, dass alles miteinander in Beziehung steht, überge-
ordneten Zielen folgt und nicht als voneinander getrennt
betrachtet werden darf. Das Verständnis für die Erde und die
Natur, aber auch für die Geschichte der Menschheit sind
dabei von besonderer Bedeutung. Das Wichtigste in der
Geschichte der Menschheit sind für Montessori die Ent-
deckungen und Erfindungen: Sie sind die Schlüsselerfahrun-
gen und die Triebkräfte für die Entwicklung der Menschen
und helfen, das Leben – auch das der Menschen aus unterschiedlichsten Kulturkreisen – besser zu verstehen.

Damit sich Kinder und Jugendliche optimal entwickeln können,
braucht es laut Montessori allerdings mehr als Erfahrungsange-
bote, mehr als Arbeits- und Studienpläne – Kinder und Jugendliche brauchen zum Wachsen *Freiheit: »Während meines ganzen
Lebens habe ich die Notwendigkeit der Freiheit der Wahl, der
Selbstständigkeit des Denkens und der menschlichen Würde pro-
klamiert. Jedenfalls bin ich der Meinung, dass eine wahre und
innere Freiheit nicht gegeben werden kann, sie kann nicht einmal
erobert werden, sie kann jeder nur in sich selbst als Teil der Persönlichkeit aufbauen und kann deshalb nicht verloren werden.«*[51]
Das Prinzip Freiheit[52] ist für Montessori also die Grund-
voraussetzung für den aktiven Selbstaufbau der eigenen Personalität und dazu gehören:

---

[51] Maria Montessori: »Die Freiheit muss aufgebaut werden«. In: Montessori-Werkbrief, 23. Jg., Heft 4/1985, S. 122.

[52] Ebenso betont der Schweizer Entwicklungspsychologe Jean Piaget, dass
sich eine menschenwürdige Intelligenz nur durch die Freiheit zum
Handeln, zum Experimentieren, zum Fehlermachen und Fehlerkor-
rigieren entwickle. Strenge, autoritäre Führung hingegen verstärke den
Egozentrismus und verzögere die Entwicklung einer Persönlichkeit.

- als Kind und Jugendlicher *seine Arbeit selbst frei auszu-wählen,*
- *die freie Wahl der Zeit,* also wann und wie lange man sich mit einer Arbeit beschäftigen möchte,
- *die freie Wahl des Ortes,* an dem man arbeiten will,
- und *die freie Wahl des Partners.*

Anders, als wir es von der Regelschule gewöhnt sind, sieht Montessoris Modell vor, dass Jugendliche in einer vorbereiteten Umgebung Lernangebote finden, aus denen sie frei auswählen können – entsprechend ihren phasenspezifischen Interessen.

Auch wenn uns Montessoris Modell radikal vorkommen mag, so bleibt doch die Frage: Wie gut können wir Eltern und die öffentlichen Schulen die Heranwachsenden auf die notwendigen Anforderungen des Erwachsenenlebens vorbereiten? Wie können wir ihnen die verschiedenen sozialen Rollen und Aufgaben näher bringen, wie ihnen Einzelerfahrungen und Erfahrungszusammenhänge vermitteln?

Folgende Anregungen und Leitgedanken lassen sich zusammenfassen:

- Zum Lernen und Reifen braucht es eine *entspannte Umgebung* (denn Neugierde macht sich erst bemerkbar, wenn wir uns in Sicherheit befinden. Neugierde wiederum ist eine wichtige Grundlage für das Lernen).
- *Eine gute Lernatmosphäre braucht das grundsätzliche Einvernehmen* (Konsens) *zwischen Eltern, LehrerInnen und SchülerInnen.*
- Dazu gehört auch ein *gerechter, freundlicher und respektvoller Umgang miteinander,* so dass die Würde aller gewahrt bleibt (Gerechtigkeit und persönliche Würde sind die edelsten Gefühle für soziale Wesen).
- Die Jugendlichen und alle anderen der gleichen Gemein-

schaft leben *in Freiheit,* die auf dem Bewusstsein der eigenen Fähigkeiten und Bedeutung beruht und nicht die Freiheit der anderen einschränkt.

- *Der Rahmen* für die Aktivitäten und Handlungen *ist sinnvoll und eindeutig begrenzt,* denn nur so kann Freiheit fruchtbar werden.
- *Die Kinder und Jugendlichen können ihre Arbeiten frei auswählen.*
- *Sie können die Dauer ihrer Arbeit* – mit Rücksicht auf Notwendigkeiten – *selbst bestimmen.*
- *Ebenso können sie* – im Rahmen des Möglichen – *den Ort und den Partner/die Partnerin frei wählen.*
- *Regeln sind verständlich, von der Sache her bestimmt und gelten für alle.*
- Jugendliche brauchen viele Möglichkeiten und Angebote, um *eigene lebenspraktische Erfahrungen zu sammeln, um selbstbestimmt zu lernen und um sich selbst einschätzen zu lernen* (Charakterbildung vollzieht sich durch eigene Erfahrungen und nicht durch Erklärungen). Auch für die Gehirnbildung Heranwachsender bedarf es eigener Erfahrungen – über alle Sinne –, die dann als eine Art Anker für weitere Lernprozesse dienen (lernen mit Kopf, Herz und Hand).
- *Arbeitspläne sind nicht von vornherein festgelegt,* sondern werden natürlich aufgebaut, sind durch die individuellen Erfahrungen begründet und orientieren sich an den verschiedenen Bereichen des Arbeitsplanes. Reifung (die Sensibilitäten des inneren Bauplans) und adäquate Lernangebote (aus der Umwelt) müssen also zeitlich zusammenfallen. Die Freiarbeit bietet einen Rahmen für den individuellen Lernrhythmus und auch für Lernumwege.

- *Erwachsene beobachten, beraten und helfen, wenn Hilfe ge-fragt ist.* Sie sind passiver, damit die Jugendlichen aktiv sein können.
- Man soll Heranwachsende *Entscheidungen fällen und sie die Verantwortung dafür übernehmen lassen* (denn das menschliche Leben basiert auf Wahl und Entscheidungen).
- Im Alltag *tragen alle Verantwortung,* auch für die Finanzen.
- Jugendliche sollen *eigenes Geld verdienen und verwalten,* z. B. in berufsbezogenen Projekten wie einem Schülercafé, einer Schülerfirma usw. (zu Hause durch anfallende Arbeiten, Ferien- oder Nebenjobs).
- Konflikte werden ausgetragen und gelöst – Schwierigkeiten also nicht aus dem Weg gehen, sondern lernen, mit ihnen umzugehen.
- *Einblicke in die gegenwärtige Kultur* ergeben sich aus der Vermittlung von vertieftem, aber nicht spezialisiertem Wissen in Fächern wie Mathematik, Sprachen, Geschichte und Naturwissenschaften. Dies geschieht über vernetztes, ganzheitliches Lernen, bei dem Jugendliche mit den Fächern in Beziehung treten können.
- Durch Angebote aus den Bereichen Kunst, Sprache, Musik können *eigene kreative Ausdrucksmöglichkeiten* gefunden werden.
- Die *Arbeit* soll nicht den Wettbewerb untereinander fördern, sondern *eine Chance* sein, *die eigenen Qualitäten und Talente zu entdecken.*
- *Die Gemeinschaft ist für alle offen.* Jugendliche mit unterschiedlichen Leistungsniveaus wie auch Behinderte lernen gemeinsam.
- *Das Lernen ist ausgerichtet auf die Menschheit und die Achtung vor der Natur* (kosmische Erziehung).

- Es wird eine *gesunde Lebensführung* gefördert durch sportliche und körperliche Aktivitäten, viel frische Luft und ausgewogene Ernährung.
- Jeder darf Fehler machen. *Fehler* werden *als Chance für Wachstum* anerkannt. Sie dürfen nicht durch schlechte Noten abgewertet werden. Vielmehr soll es darum gehen, die eigenen Fehler zu erkennen und möglichst selbstständig zu verbessern.
- *Leistungsnachweise dienen als Hilfe* für die Jugendlichen. Sie werden nicht über Noten vermittelt, sondern über Informationen zum individuellen Entwicklungs- und Lernprozess (IzEL).[53] Diese dienen als Orientierung und Hilfe bei der realistischen Selbsteinschätzung des Einzelnen.

---

[53] Siehe die Beschreibung einer schülergerechten Leistungsbeurteilung im Schulkonzept des Montessori-Landesverbandes Bayern, Juni 2002, S. 65.

Methodische Ideen für den Familienalltag

Das Zuhause ist weder Schule noch professionell betriebene Institution, und doch können Eltern einige konkrete Anregungen aus dem zuvor beschriebenen Erdkinderplan ziehen und somit den Versuch starten, in der Familie die Idee einer Erfahrungsschule des sozialen Lebens umzusetzen.

Wie können also wir Eltern zu Hause eine jugendgerechte Umgebung gestalten, damit unseren Heranwachsenden, wie auch uns selbst, einen guten Rahmen für Wachstum schaffen und so die Erziehung der Kinderjahre erfolgreich fortsetzen?

Die Möglichkeiten, die uns Eltern in der Erziehung zur Verfügung stehen, sind uns nicht immer klar: Häufig hat man das Gefühl, sehr viel machen zu müssen, damit aus den Kindern etwas wird. Wir greifen auf einige Erziehungsmittel zurück, die man »so kennt« und die »uns ja auch nicht geschadet haben«. Leider gehört dazu auch Gewaltanwendung. Laut einer Umfrage[54] schlagen über 80 Prozent der Eltern ihre Kinder bis ins Jugendalter hinein. In vielen Fällen wird häufiger zur Strafe als zur Belohnung gegriffen. Mit Druckmitteln will man zu besserem Verhalten motivieren – manchmal konsequent, manchmal inkonsequent. Ich frage mich, ob diese Art der Macht-

---

[54] Obwohl in Deutschland die körperliche Züchtigung in Familie und Schule gesetzlich verboten ist. Siehe den Flyer des Bundesministeriums für Familie zum Thema »Gewaltfreie Erziehung«.

kämpfe wirklich erfolgreich ist oder ob sie nicht letztlich zu Unzufriedenheit und Streit führt.

Welche Erfolg versprechenderen Erziehungsmittel stehen uns zur Verfügung? Und wie werden wir jedem Jugendlichen individuell gerecht? Denn manche sind so sprunghaft wie Federn, andere dagegen nehmen von Anfang an jede Regel sehr ernst, beschränken sich und wirken eher ernst als ausgelassen: Während für die einen Halt unabdingbar notwendig ist, schränken zu enge Grenzen die anderen unnötig ein. Wie schaffen wir Eltern die Gratwanderung dazwischen: unseren Heranwachsenden zwar Halt, Hilfe und Orientierung zu geben und sie doch gleichzeitig loszulassen?

Wir erziehen heute in dem Bestreben, unsere Kinder ja nicht zu überfordern. Während in manchen Ländern der Erde bereits 10-Jährige selbst ihren Lebensunterhalt zu bestreiten haben, nehmen Eltern in den reichen Ländern ihren Kindern – in guter Absicht – eine Menge der täglichen Arbeit ab: Wir waschen selbst den 14-Jährigen die Wäsche, erinnern sie an Hausaufgaben und ans Aufräumen, *schenken* ihnen Taschengeld und übersehen, dass wir sie damit meistens unterfordern. 14-Jährige können mit Sicherheit ihren Beitrag im Haushalt leisten und sich durch diese oder jene Tätigkeit eigenes Geld verdienen. Das erhöht sogar ihre Würde. Und diese handfesten Tätigkeiten werden ihnen leichter fallen als unsere Erwartung, dass sie sich vernünftig verhalten.

Unter dem Deckmantel der Schonzeit trauen wir Jugendlichen in einigen Lebensbereichen wenig zu und nehmen ihnen so die Gelegenheit für wichtige Lebenserfahrungen. Natürlich wollen wir Eltern dabei nur das Beste, doch wie oft deuten wir etwas falsch oder vertrauen nicht in die Entwicklung unserer Kinder oder agieren widersprüchlich? Zum Beispiel die Eltern, die der

16-jährigen Tochter wichtigtuerisch erklären, »das verstehst du noch nicht« und »das entscheiden wir Eltern«, während die Tochter bereits erfolgreich eine zweiwöchige Kinderfreizeit bei der Kirchenjugend geleitet hat. Oder die Mutter, die den 14-jährigen Sohn überall hinfährt, damit ihm nichts passiert, und die andererseits betont, ihr Sohn dürfe seine eigenen Entscheidungen treffen, sie mische sich da schon lange nicht mehr ein.

Zu oft fallen wir Eltern gegenüber unseren Jugendlichen von einem Extrem ins andere: Einerseits betrachten wir sie als etwas ganz Besonderes, lassen ihnen alle Freiheiten und vergessen, notwendige Rahmenbedingungen und Grenzen zu setzen. Oder wir begegnen ihnen mit dem Gefühl, sie seien defizitäre Wesen, die unsere Entscheidungen und unsere Lenkung und unseren Zwang brauchen, um fertige Menschen zu werden. Beide Haltungen werden Jugendlichen nicht gerecht.

Lassen Sie sich im Sinne Montessoris einladen, in den individuellen, geheimnisvollen Bauplan ihrer Tochter oder ihres Sohnes zu vertrauen und diesen sich entfalten zu lassen: Jugendliche bringen alle notwendigen Voraussetzungen für die eigene Entwicklung mit. Besonders bei Jugendlichen aus problematischen Lebenssituationen fällt auf, wie viele Stärken und Überlebensstrategien Menschen besitzen. Auch wenn man meinen könnte, diese Jugendlichen hätten kaum fördernde Bedingungen in ihrem Leben gehabt (Eltern drogenabhängig, zerstörte Familie, geschlagen, missachtet usw.), sind viele von ihnen auf einem guten Weg.

Was schlägt uns die Montessori-Pädagogik konkret für den Familienalltag vor? Wir können

1. das Zuhause kinder- und jugendgerecht gestalten und
2. unsere Rolle und unsere Aufgaben als Erziehende überdenken und verändern.

Zu Hause eine jugendgerechte Umwelt gestalten

Wie bereits erwähnt, brauchen wir Eltern die Entwicklung unserer Kinder zwar nicht mit Zwang voranzutreiben, doch wir dürfen auch nicht einfach die Hände in den Schoß legen. Vielmehr ist es unsere Aufgabe, für die Erziehung unserer Söhne und Töchter einen angemessenen Rahmen bereitzustellen, in dem sich ihr innerer Bauplan verwirklichen kann und in dem Heranwachsende selbstständig und aktiv viele notwendige eigene Erfahrungen sammeln können.

Das heißt, dass wir Eltern nicht für die Handlungen unserer Jugendlichen verantwortlich sind, sondern für einen optimalen Rahmen.

Weil Jugendliche anders sind als Kinder, ist eine jugendgerechte Umgebung nicht gleichzusetzen mit einer kindgerechten Umgebung. Jedoch sollte sie eine sinnvolle Fortsetzung dieser sein. Wie das aussehen kann, sei an einigen Beispielen verdeutlicht.

Eine entspannte Umgebung

Aus Schulvergleichsuntersuchungen[55] weiß man mittlerweile, dass man eine gute Schule nicht an ihrem Leistungsniveau erkennt, sondern an ihrer besonderen Atmosphäre. Wie aber sieht es zu Hause aus? Wie oft verbringen wir unseren Alltag in Stress, Streit und Ärger, ohne gute Atmosphäre?

---

[55] Siehe z. B. die Studie von Kurt Aurin et al.: Auffassungen von Schule und pädagogischer Konsens. Stuttgart: Verlag für Wissenschaft und Forschung 1983.

Spätestens wenn die Kinder ins Jugendalter kommen, beginnen die Mütter wieder zu arbeiten und der Alltagsstress wird größer. Das Arbeitsleben fordert seinen Anteil am Zeitbudget. Wenn dann die Jugendlichen noch launisch sind, wenn man mit dem Ehe- bzw. Lebenspartner die Alltagsaufgaben neu verteilen muss, fällt es manchmal schwer, ruhig und geduldig zu bleiben und das Stimmungsbarometer in der Familie hochzuhalten.

Doch ein arbeitsreicher Alltag wird für alle erträglicher, wenn er strukturiert ist und wir bewusst dafür sorgen, dass eine entspannte Atmosphäre herrscht. Denn ein gutes, entspanntes Miteinander zu Hause ist wie ein nährstoffreicher Boden, eine Quelle der Kraft und Geborgenheit.

Vielleicht müssen Mütter lernen, im Haushalt mal etwas liegen zu lassen, und sich lieber ruhige, erholsame Zeiten gönnen. Und vielleicht müssen Jugendliche tatsächlich auch einmal Haushaltsarbeiten übernehmen, damit Eltern nicht gestresst und gereizt am Abendbrottisch sitzen und keine Lust mehr auf Gespräche haben.

Nicht nur das Berufsleben braucht ein gutes Zeitmanagement, sondern auch das Familienleben, damit die gemeinsam verbrachte Zeit nicht zu kurz ausfällt.

Ferner trägt ein guter Umgangston in der Familie zu einem angenehmen Zusammenleben bei.

In einer entspannten Atmosphäre können sich unsere Töchter und Söhne angstfrei und sicher bewegen. Drohungen, Sanktionen usw. reduzieren sich darin fast automatisch. In einer angstfreien Atmosphäre kann auch die Neugierde unserer Jugendlichen wachsen. Die Neugierde ist ein empfindliches Gefühl und muss gepflegt werden. Denn sie ist einer der stärksten Motoren für menschliches Wachstum.

Eine entspannte, positive Atmosphäre zu Hause entsteht letztlich durch viele kleine Schritte und Bemühungen auf unterschiedlichen Ebenen.

Alle nachfolgenden Vorschläge helfen, eine gute häusliche Atmosphäre zu fördern. Das ist eine anspruchsvolle Aufgabe für alle Beteiligten und geht über das Geldverdienen und die Hausarbeit weit hinaus.

Ordnung und Regelmäßigkeit

Maria Montessori versteht unter Ordnung weit mehr als das, was in Familien häufiger Anlass für Streitereien ist, wie etwa das Aufräumen. Sie gibt der Ordnung einen besonderen Stellenwert und eine wichtige Funktion in der Erziehung: Eine Umgebung, die übersichtlich, geregelt und damit vorhersagbar, also geordnet ist, hilft Jugendlichen, ihre Umwelt zunehmend besser zu begreifen, und schafft das nötige Vertrauen, um sich frei darin zu bewegen. Solche äußere Ordnung fördert den Aufbau einer inneren, geistigen Ordnung.

Unser Denken funktioniert ja ähnlich: Wir suchen nach Mustern, Strukturen und Ordnungsprinzipien und ordnen jedes neue Wissen darunter ein. So wie sie als Kinder gelernt haben, dass Hunde und Katzen Tiere und nicht Pflanzen sind, so lernen Jugendliche jetzt: dass Mutter sich jedes Mal aufregt, wenn ich zu spät nach Hause komme, und dass Papa nach der Arbeit regelmäßig müde ist. Ich weiß, dass meine Eltern sich wieder mit mir vertragen, wenn es Streit gab, und ich weiß auch, dass ich Bücher im Bücherregal und Gläser im Küchenschrank finde.

Ein geregelter Alltag, etwa dass die Familie einmal am Tag in

Ruhe miteinander isst, dass es regelmäßige Treffen aller Familienmitglieder gibt, dass die Mutter mal etwas mit der Tochter/ dem Sohn alleine macht und ebenso der Vater, dass die Mutter mittwochs um 19 Uhr zum Sport geht und der Vater am Freitag, bietet Heranwachsenden einen sinnvollen Rahmen.

Indem die Dinge ihren Platz bekommen und Elternverhalten (meistens) vorhersagbar ist – dass Eltern in ihrem Verhalten also zuverlässig, konsequent und verständlich sind –, indem sich Situationen wiederholen, wird es möglich, die Welt zu verstehen, und es wächst ein Gefühl von »es ist in Ordnung, das Leben ist in Ordnung, ich bin in Ordnung«. Dieses In-Ordnung-Sein hat somit Bedeutung für die gesamte Entwicklung der Jugendlichen. Es strukturiert nicht nur das Denken, sondern macht auch Mut, sich immer weiter in die Welt hinauszuwagen, obwohl die Welt zunächst nicht überschaubar und stetig ist.

Erst in einer überschaubaren Welt kann man sich orientieren, zurechtfinden und lernen, seine eigenen Entscheidungen zu fällen. Wenn sich eine Jugendliche z. B. entscheidet, abends nicht pünktlich zum Essen nach Hause zu kommen, so weiß sie auch, dass sie später einen leeren Tisch und verärgerte Eltern vorfinden wird.

Gerade wenn junge Menschen ihre Identität aufbauen und ausprobieren, was sie können und was nicht, ist es notwendig, dass sie durch äußere Ordnung Halt und Orientierung haben. Ebenso unterstützt die Ästhetik das innere Wachstum: Die heimlichen Einflüsse einer schönen Gestaltung der Wohnung, des Gartens, des Esstisches usw. zeigt uns unter anderem die alte Weisheit des Feng-Shui.

Jugendzimmer sind private, eigene Räume

Jugendliche brauchen Räume, in denen sie ungestört sind. Mit zunehmendem Alter wollen sie sich unserer Nähe und Kontrolle entziehen, besonders wenn sie mit FreundInnen zusammen sind. Deshalb ist es gut, wenn sie ihr eigenes Zimmer haben und wir respektvoll vor dem Betreten des Zimmers anklopfen.

Ebenso sollte das Elternschlafzimmer ein intimer und ungestörter Raum sein. Auch Eltern brauchen Rückzugsräume, die es ihnen erleichtern, sich aus der symbiotischen Nähe während der Kinderzeit zu lösen. Desgleichen ist ein elterliches Arbeitszimmer kein Ort, an dem sich Jugendliche ausbreiten dürfen. Und wer nimmt das Wohnzimmer in Beschlag? Ist es hauptsächlich der Raum der Jugendlichen, weil sie hier ja fernsehen können, oder ist es ein Gemeinschaftsraum, über dessen Nutzung gemeinsam entschieden werden muss?

Wenn wir das Jugendzimmer zum Raum der Jugendlichen erklären, so bedeutet das auch, dass wir hier unsere Vorstellung von Ordnung und Sauberkeit sowie unseren Geschmack nicht mehr durchsetzen können. Wir legen die Verantwortung für die Gestaltung des Zimmers in die Hände unserer Tochter bzw. unseres Sohnes. Hier, wie auch bei der Kleidung, wird sich ihr persönlicher Geschmack entfalten. Manchmal ist es dann besser, nicht alles zu kommentieren: »Ach, das sieht ja fürchterlich aus!« Alle Menschen, auch Jugendliche, haben ein Recht auf eigenen Geschmack.

Freiheit

Solche Zimmeraufteilungen sind bereits ein Schritt hin zur Umsetzung von Montessoris Gedanken, dass Jugendliche ein Recht auf Freiheit haben. Eigentlich, so Montessori, kann kein anderer einem Freiheit geben, sie kann nur durch die Bindung an Erkenntnisakte und durch eigenes Tun realisiert werden. Demnach geben auch wir Eltern unseren Kindern nicht Freiheit, sondern sie haben die Freiheit zu eigener Entwicklung. Nicht Vorschriften und Zwänge sind daher notwendig, sondern eigene Erfahrungen und Erkenntnisse zu sammeln und sich zu entfalten. Erinnern wir uns an die vier Bereiche der Freiheit nach Montessori (siehe das Kapitel »Der Erdkinderplan«, S. 59): Hiernach brauchen Jugendliche die Freiheit, sich eigene FreundInnen auszusuchen, sich mit selbst gewählten Themen und Arbeiten zu beschäftigen, sich Zeit zu lassen für Erlebnisse und Erkenntnisakte sowie Orte, an denen sie gerne sein möchten, frei zu wählen.

Allerdings braucht Freiheit auch eindeutige und sinnvolle Grenzen. Denn Freiheit ohne Grenzen ist keine Freiheit. Erst in einem sicheren Rahmen können Jugendliche ihre individuelle innere Freiheit – als Teil ihrer Persönlichkeit – aufbauen.

Bei Jugendlichen zeigt sich dieses Bedürfnis nach Freiheit allmählich immer deutlicher: Sie werden sich, teilweise heimlich, immer häufiger über unsere Anweisungen und Verbote hinwegsetzen. Deshalb ist es wichtig, sich über anfallende Arbeiten wie auch über Regeln und Absprachen vorab deutlich auszutauschen. Die Jugendlichen müssen dabei das Recht auf Mitsprache haben und Dinge für sich selbst entscheiden dürfen. Einem 16-Jährigen können wir zwar erklären, dass wir es wichtig finden, dass er zuerst die Hausaufgaben macht, doch er wird sich alleine entscheiden, wann, wo, wie und mit wem er sie macht. Ebenso können wir der 14-Jährigen nicht vorschreiben, mit wem sie sich trifft, wir können ihr lediglich mitteilen, ob wir die neue Freundin sympathisch finden oder nicht. Selbst wenn wir den Kontakt zu dieser Freundin verbieten würden, weil wir hier einen schlechten Einfluss vermuten, so können wir nicht verhindern, dass unsere Tochter sich heimlich mit ihr trifft oder in der Schule die Pausen mit ihr verbringt.

Bei eindeutigen Grenzen ist es wichtig, diese auch eindeutig mitzuteilen: »Ich gebe dir kein extra Geld für ein weiteres Paar Schuhe.« – »Mit 12 Jahren darfst du noch nicht bis ein Uhr nachts auf die Party.« Und anderes mehr. Mehr als ein Satz mit Punkt ist nicht nötig. Jedes weitere Wort wäre zu viel, auch jede Reaktion auf das enttäuschte Gesicht des Sohnes oder der Tochter.

Weil jeder Mensch ein Recht auf Freiheit hat, muss auch klar sein, dass die eigene Freiheit nicht die Freiheit der anderen einschränken darf. Wenn also die Musik der jugendlichen Tochter den Rest der Familie tyrannisiert, sind die Grenzen der anderen überschritten. Ebenso sollten natürlich auch Eltern die Grenzen ihrer Kinder nicht überschreiten, indem sie beispielsweise nachts mit Freunden so laut lachen, dass alle anderen im Haus wach werden.

Eindeutige und konsequente Regelungen

Jede Familie wird ihre eigenen Regeln und Grenzen haben, doch sie sollten immer von der Sache her bestimmt sein. Sie gelten für alle, auch für die Eltern. Aus der Sache heraus ergeben sich dann auch die Konsequenzen: »Ich will deine Handykosten nicht bezahlen, dafür musst du selber Geld sparen oder verdienen.«

Damit unsere Regeln und Verbote auch bei unseren Heranwachsenden ankommen, müssen wir sie vorher eindeutig mitteilen und konsequent einhalten. Dazu gehört, dass wir unsere Tochter, unseren Sohn anschauen, wenn wir unsere Regeln mitteilen, und nachfragen, ob sie angekommen (verstanden) sind. Und wenn wir erklären, wir zahlen die Handykosten nicht, dann dürfen wir das auch später nicht tun, denn ein Nein sollte ein Nein bleiben.

Was aber passiert, wenn unsere Tochter/unser Sohn die Handyrechnung tatsächlich nicht selbst zahlen kann? Notfalls können wir ihr/ihm das Geld leihen. Über Arbeiten im Haushalt o. Ä. können sie sich das Geld ja dann verdienen, das sie uns wieder zurückzahlen müssen. Nur so lernen Jugendliche, sich frei für etwas, z. B. für die Benutzung eines Handys, zu entscheiden und gleichzeitig die Verantwortung für ihre Entscheidung zu übernehmen. Eltern können solche Entscheidungen mit den Jugendlichen besprechen, sie beraten und über die möglichen Konsequenzen aufklären. Denn diese sind ihnen nicht immer bekannt.

Weil das jugendliche Gehirn nicht immer voll einsatzfähig ist, überfordert es 11- bis 16-Jährige, wenn wir uns mit mehreren Aufträgen auf einmal an sie wenden, während wir selbst vielleicht gerade den Kühlschrank einräumen: »Nimm bitte den Müll mit raus, denke daran, dass du heute früher Sport hast, und lege mir bis heute Abend deine Schmutzwäsche raus. Und ja, Lena hat vorhin für dich angerufen, willst du sie gleich zurückrufen?« Die meisten dieser Aufträge hat vermutlich nur die Salami im Kühlschrank mitbekommen, nicht aber der Jugendliche.

Da die neuen Medien, wie z. B. der Computer, für manche

Jugendliche eine große Verführung darstellen, ist gerade auch hier unsere Hilfe durch eindeutige Regelungen notwendig. An der Tübinger Universitätsklinik hat man mit Hilfe der Kernspintomografie die Gehirnfunktion von Jugendlichen beim Spielen am Computer erforscht: Hier zeigte sich u. a., dass sich das jugendliche Gehirn immer wieder neu strukturiert und durch Erfahrungen und Erlebnisse umgeformt wird. Die Bilder und Funktionsweise der PC-Spiele nahmen hierbei störenden Einfluss. Ebenso stiegen das Suchtpotenzial sowie die Aggressionen an.

Seitens der Lernforschung (siehe hierzu auch das Kapitel »Wie Eltern das Lernen unterstützen können«, S. 139) wird ebenfalls darauf hingewiesen, dass es eine große Rolle spielt, was Jugendliche nach der Schule und nach dem Lernen machen. Denn es braucht Zeit und Ruhe, damit der empfindliche Transfer vom Kurzzeit- ins Langzeitgedächtnis funktioniert. Also nach dem Lernen der Vokabeln keine spannenden PC-Spiele und keine Actionfilme mehr!

Eltern sollten auf jeden Fall darauf achten, wann und wie lange Jugendliche am Computer und vor dem Fernseher sitzen, und ihnen einen angemessenen Umgang mit diesen Medien beibringen. Zu leicht vergisst man bei deren Benutzung die Zeit. Allerdings sollten wir Diskussionen hierüber vermeiden und stattdessen eindeutig und konsequent sein. Zu viele Erklärungen, warum wir die Zeit auf eine Stunde begrenzt haben, laden Jugendliche dazu ein, den Versuch zu starten, eine längere Zeit auszuhandeln. Eindeutige Regeln sollten eindeutig bleiben und nicht durch immer wieder neu entfachte Diskussionen verändert werden.

Es ist nicht einfach, Jugendlichen sinnvolle Grenzen zu setzen, doch bedenken wir: Sie brauchen uns und unsere vernünftigen Anweisungen noch als eine Art Ersatz für ihren präfrontalen Cortex, da sie Gefahren nicht immer realistisch einschätzen können.

Das Setzen von Grenzen in der Erziehung ist auch deshalb schwierig, weil nicht jeder Jugendliche die gleichen Grenzen braucht: Manche sind so pflichtbewusst und schränken sich dadurch selbst so sehr ein, dass Eltern hier eher darauf achten sollten, dass die Tochter oder der Sohn auch mal aus sich herausgeht, eine gewisse Lockerheit gewinnt und genau das tut, was man im Jugendalter tun sollte: etwas ausprobieren. Andere Jugendliche hingegen sind mutiger, sodass Grenzen für sie einen sicheren Rahmen für ihre Abenteuerlust bilden.

Wenn wir nicht zu allem Nein sagen, sondern nur bei wichtigen Dingen ein klares Nein aussprechen und unsere Gründe dafür vernünftig sind, bieten wir Jugendlichen die notwendige Sicherheit in einer sich ihnen immer weiter öffnenden Welt mit ihren Faszinationen und Verführungen. Manchmal zeigt sich ein elterliches Verbot denn auch im Nachhinein für die Jugendlichen als richtig: »Ach, wisst ihr, es war doch gut, dass ich nicht mit zu der Party gegangen bin, die haben da nur gesoffen.«

Andererseits wird manche unserer Grenzen zu Enttäuschungen führen – doch auch das stellt ein wichtiges Lernfeld dar: Immer häufiger trifft man bei Jugendlichen einen Mangel an Frustrationstoleranz an. Weil heutige Eltern ihre Kinder glücklich sehen wollen, ersparen sie ihnen tröstend Situationen, die sie frustrieren könnten, weichen Verbote auf und glätten den Schmerz. Aber es gehört zum Leben, auch Enttäuschungen, Grenzen und Schmerz auszuhalten und nicht davor zu flüchten. Wenn Jugendliche kleine Alltagsfrustrationen, die durch eine einschränkende Regel verursacht wird, aushalten lernen, stärken sie ihr Selbstvertrauen: Sie ertragen dann Frustrationen, ohne den Mut zu verlieren.

Je älter unsere Kinder werden, desto häufiger werden wir die Grenzen und Regeln des Familienlebens gemeinsam aushandeln müssen. Es geht hier ja schließlich um die persönlichen Grenzen der (Ersatz-)Mutter, des (Ersatz-)Vaters und der Jugendlichen. Wenn z. B. unsere Tochter lieber mit ihren Freundinnen zusammen ist als mit der Familie, so ist das eine Grenze, die wir respektieren müssen. Wir können sie zwar zu netten Unternehmungen einladen, aber wir können eine 15-Jährige nicht dazu zwingen. Ebenso werden die Vorstellungen von häuslicher Ordnung bei allen Familienmitgliedern differieren, sodass hierüber verhandelt und ein Kompromiss gefunden werden muss.

Regelmäßige Familienkonferenzen

Damit Jugendliche bewusst erleben, dass sie das Familienleben mit beeinflussen, sind regelmäßige Familienkonferenzen sinnvoll. Hier ist der Ort, an dem alle Beteiligten ihre Meinung äußern können, man sich für gemeinsame Regeln entscheidet, anfallende Aufgaben verteilt, jedes Mitglied Verantwortung übernimmt und ein verbindlicher Haushaltsplan aufgestellt wird. Hier sollte auch geklärt werden, was passiert, wenn jemand seine Arbeiten nicht macht. Und alle Absprachen gelten dann für Eltern wie für Jugendliche.

In einem Haushalt mit Jugendlichen ändern sich die Beziehungen und man kann nun ein Team bilden, in gewissem Sinn eine Art Wohngemeinschaft.

Familienkonferenzen sollten feste, regelmäßige Termine haben und nach gewissen Spielregeln ablaufen: Es sollte genügend Zeit sein, um alles Wichtige in Ruhe besprechen zu können.

Alle Beteiligten kennen die Spielregeln der Familienkonferenz. Jeder darf ungestört sprechen und Fragen werden erst am Ende der Äußerung gestellt. Die anderen hören zu und beschäftigen sich nicht mit etwas anderem. Bei wichtigen Mitteilungen muss man nachfragen, ob die anderen sie auch so verstanden haben, wie man sie meint. Es darf niemand ausgelacht werden, sondern alle Äußerungen werden ernst genommen – auch wenn sie von kleinen Geschwistern kommen.

Eine Familienkonferenz ist ein guter Ort, um Demokratie zu üben. Demokratie ist ja nicht nur eine parteipolitische Einrichtung, sondern eine gute Lebenshaltung.

Familienkonferenzen können die unterschiedlichsten Themen haben: was bei den Einzelnen in der nächsten Zeit ansteht, welche gemeinsamen Unternehmungen die Familie machen möchte, was wann gegessen wird, wer einkauft, wer welche Hausarbeiten übernimmt, wann Oma und Opa zu Besuch kommen und ob Jennifer neue Jugendzimmermöbel bekommt. Und sie sind ein Ort, an dem man sich gegenseitig Rückmeldungen geben und Kritikfähigkeit üben kann. Man kann berichten, warum man momentan oft müde ist, und die eigene Situation erklären (damit die anderen dieses Verhalten nicht persönlich nehmen). Und man kann hier auch Rückmeldung geben, wie das Verhalten des anderen auf einen selbst wirkt. Durch (respektvoll kritische) Rückmeldungen lernen wir (Eltern wie Jugendliche) uns selbst realistisch einschätzen.

Die 14-Jährige findet sich selbst vielleicht unzuverlässig, weil sie in letzter Zeit ein paar Dinge vergessen hat. Die anderen in der Familie melden dem Mädchen jedoch zurück, sie mache einfach sehr viel, vielleicht zu viel, sodass es leicht passiert, dass man etwas vergisst. Gerade sie sei eine sehr zuverlässige Person.

Arbeits- und Haushaltspläne

Die Hausarbeiten sind in der Montessori-Pädagogik gute Übungen des täglichen Lebens, die auf das Leben vorbereiten und die Selbstständigkeit fördern. Deshalb sollten Jugendliche eigenverantwortlich unterschiedlichste Aufgaben im Haushalt übernehmen. 12-Jährige können durchaus regelmäßig den Hausflur putzen oder die Blumen gießen oder den Mülleimer entleeren. Und – man wird erstaunt sein – auch Söhne können kochen.

Damit nicht täglich neue Diskussionen darüber entstehen, wer nun den Abendbrottisch deckt und wer die Wäsche sortiert, ist es sinnvoll, einen verbindlichen Haushaltsplan – vielleicht in einer Familienkonferenz – aufzustellen, der die Stärken und Vorlieben der Einzelnen berücksichtigt: Manche kochen gerne, und anderen liegt es mehr, die Blumen zu versorgen. Weil Jugendliche ihre häuslichen Pflichten manchmal vergessen, ist es wichtig, die Arbeitspläne aufzuschreiben und gut sichtbar aufzuhängen.

Wenn sich jemand nicht an den Plan hält, helfen manchmal nur Taten statt Worte: Der nichtgeleerte Mülleimer steht dann vor der Zimmertüre der Tochter oder des Sohnes, und wenn der Tisch nicht gedeckt ist, gibt es kein Abendbrot.

Statt Taschengeld eigenes Geld verdienen

Damit sie in ihren finanziellen Entscheidungen freier und unabhängiger werden, ist es gut, wenn Jugendliche eigenes Geld verdienen und verwalten. Entweder können sie durch ihre verbindliche Mithilfe im Haushalt Geld verdienen oder auch

Nebenjobs bzw. Ferienjobs annehmen. Die Erfahrungen, die sie dabei außerhalb des Elternhauses und der Schule machen, bereiten sie auch auf das Berufsleben vor. Ferner – und das ist für die Jugendphase enorm wichtig – fördern eigene Einkünfte die persönliche Würde, sie machen unabhängig von unserer Gunst, von unseren Geldgeschenken: etwa dem Taschengeld, das man ja bekommt, ohne es sich durch eigenes Tun zu verdienen.

Als Vorbereitung auf das Leben sollten Jugendliche zudem lernen, ihr Geld selbst zu verwalten, es nicht nur für Luxusartikel zur Verfügung zu haben, sondern auch für Schulhefte und Schulsachen, für Kleidung usw. Eine 15-Jährige muss in wenigen Jahren, wenn sie von zu Hause auszieht, alleine mit ihren Finanzen klarkommen. Wer sonst als wir Eltern bereitet sie ausreichend darauf vor?

Nebenjobs sollte man allerdings mit dem Jugendlichen vorab besprechen und planen: Wie viel Geld braucht er/sie? Wie viel Zeit kann er/sie dafür aufwenden, ohne dann morgens zu müde für die Schule zu sein? Und was ist arbeitsrechtlich zulässig?

Gerechtigkeit

Die Regeln innerhalb einer Familie sollten für alle gelten, auch für die Eltern und die Geschwister. Wenn die große Schwester mit 12 Jahren zum ersten Mal abends alleine mit einer Freundin ins Kino gehen darf, dann dürfen das die jüngeren Geschwister auch erst mit 12. Nicht früher und nicht später.

Geschwister fühlen sich schnell ungerecht behandelt, wenn sich Eltern für eines ihrer Kinder mehr Zeit nehmen oder es häufiger loben oder ihm mehr Taschengeld aushändigen. In vielen Alltagssituationen macht sich diese Sorge um Gerechtigkeit bemerkbar: »Warum sagst du jedes Mal, dass ich den Tisch abräumen soll, während mein Bruder nichts zu tun braucht?« Während der Adoleszenz bauen die Jugendlichen erst langsam ein Selbstwertgefühl auf. Was sie selbst und ihren Wert ausmacht, leiten sie in dieser Phase vorwiegend aus dem Maß der elterlichen Zuwendung ab.

Die Bevorzugung eines Kindes durch die Eltern geschieht sicher nicht aus Absicht, und kleinere Ungerechtigkeiten lassen sich leicht ausgleichen. Doch manchmal schätzen 12-, 13-Jährige das Verhalten der Eltern auch falsch ein (siehe das Kapitel »Die sensiblen Phasen des Kindes- und Jugendalters«, S. 35): Sie haben zwar das Gefühl, die Mutter bevorzuge jedes Mal den Bruder, doch vielleicht ist das nur ein subjektiver Eindruck. Machen Sie Ihre Tochter bzw. Ihren Sohn darauf aufmerksam, wenn Sie sich gerade mal wieder besonders viel Zeit für sie/ihn nehmen.

Unter Geschwistern zeigt sich besonders deutlich, wie empfindlich Kinder und Jugendliche auf Ungerechtigkeiten reagieren: So mancher Geschwisterstreit entfacht sich daran, dass der eine oder die andere sich ungerecht behandelt fühlt.

Gerade die Familie vermittelt Jugendlichen wichtige sittlichethische Werte, darunter auch Gerechtigkeit. Eltern sollten dabei zu verstehen geben, dass es nicht immer gerecht ist, wenn jeder das Gleiche bekommt, sondern wenn jeder das bekommt, was er/sie braucht. Vielleicht braucht der 14-Jährige gerade kein Gespräch mit der Mutter – so wie seine Schwester –, er will momentan auch nichts zum Anziehen, sondern lieber seine Ruhe. Dafür braucht er vermutlich zu einem späteren Zeitpunkt etwas, das seine Schwester dann nicht braucht.

Alle tragen Verantwortung
für das gemeinsame Familienleben

Heutige Eltern – in erster Linie die Mütter – laden sich oft zu viel Verantwortung in der Erziehung auf. Sie fühlen sich für die Entwicklung und das Verhalten ihrer Kinder und die gesamte Familienatmosphäre verantwortlich. Doch mit 12 Jahren sind Kinder alt genug, um selbst Verantwortung zu übernehmen, für sich und für das Familienleben. Durch ihre Individualität prägen sie sowieso das familiäre Miteinander. Damit dieses gelingt, ist von uns Eltern eine besondere Haltung der Annahme gefordert, mit der wir den Heranwachsenden begegnen sollten. Sie besagt:

»Ich nehme dich so an, wie du bist, und du bist für dein Tun verantwortlich – nicht ich oder andere.«

Und:

»Ich nehme mich so an, wie ich bin, und auch ich bin selbst für mein Tun verantwortlich – nicht du oder andere.«

Mit diesen zwei grundsätzlichen Annahmen ist die Würde unserer Tochter bzw. unseres Sohnes ebenso gewahrt wie unsere eigene. Diese Haltung wird eine gute Basis darstellen, auf der wir unsere sich verändernde, neue Beziehung zu den eigenständiger werdenden Heranwachsenden gestalten können.

Also kann es nicht heißen: »Du bist schuld, dass ich in der Schule kein Pausenbrot hatte.« Denn daran hätte die Tochter selbst denken müssen. Ebenso ist die Tochter nicht daran schuld, wenn die Mutter sich beklagt: »Ich muss mir immer Sorgen um dich machen, weil du nie das tust, was man dir sagt.« Zum Einen sind die Wörter »immer« und »nie« so genannte »verbale Totschläger«, weil sie nicht zulassen, dass es auch mal anders ist, und zum Anderen liegt es sicher nicht immer in der Absicht der Töchter und Söhne, ihren Eltern Sorgen zu machen, sondern sie fangen nur an, ihr eigenes Leben selbstverantwortlich zu leben.

Unsere Haltung anderen gegenüber prägt in besonderem Maße die Atmosphäre untereinander, und wir sollten deshalb immer wieder unsere Haltung gegenüber den Jugendlichen überprüfen. Eine schlechte Grundhaltung fördert eine schlechte Atmosphäre.

Leider fehlt es immer häufiger an den oben genannten zwei grundsätzlichen positiven Annahmen in den Beziehungen zwischen Erwachsenen und Jugendlichen: Auch die oft zitierte PISA-Studie ergab u. a., dass deutsche SchülerInnen häufig das Gefühl haben, ihre LehrerInnen könnten sie nicht leiden und würden ihnen nicht viel Gutes zutrauen. Ebenso haben viele Söhne und Töchter den Eindruck, ihre Eltern seien mit vielem von dem, was sie als Jugendliche machen, nicht einverstanden. Das spricht allerdings nicht für eine gute Beziehung, in der man aufeinander hört und in der man dem menschlichen Grundbedürfnis nach Annahme gerecht zu werden versucht.

Wie viel Nähe und Distanz brauchen die einzelnen Familienmitglieder?

Mit kleinen Kindern leben Eltern in einer engen, anfangs sogar symbiotischen Beziehung. Kleine Kinder brauchen diese Nähe zur Mutter, zum Vater bzw. zu einer festen Bezugsperson. Doch die Kinder entwickeln sich aus dieser engen Beziehung heraus und suchen Kontakt zu anderen Menschen, zu Gleichaltrigen. Gerade Müttern fällt es dann manchmal schwer, ihre heranwachsenden Kinder loszulassen. Es ist sicher nicht immer einfach, wenn sich die Liebe der Tochter oder des Sohnes im Jugendalter von den Eltern abwendet, wenn sie oder er das erste Mal verliebt ist. Anstatt Nähe und gemeinsame Zeiten mit den Jugendlichen zu erzwingen, hilft es, wenn Eltern sich gegenseitig fragen, wie viel Nähe und wie viel Distanz jedes einzelne Familienmitglied braucht.

Jugendliche können besser damit umgehen, wenn die Eltern sagen: »Wir möchten am Sonntag gerne Zeit mit dir verbringen«, als wenn sie über den Kopf des 14-Jährigen hinweg entscheiden, dass die Sonntage Familientage sind, an denen man gezwungenermaßen zusammenhockt. Früher oder später werden Eltern dann einsehen müssen, dass sie ihr Bedürfnis nach Nähe mit anderen Menschen erfüllen sollten und Zeit haben für neue Aufgaben.

Umgekehrt gibt es auch Eltern, für die das Nähebedürfnis während der Kleinkinderzeit schwer erträglich war oder die sich sehnsüchtig wünschen, ihre pubertierenden Kinder mögen sich endlich abnabeln statt weiterhin nach der inniglichen Nähe zur Mutter oder zum Vater zu suchen. Wenn der Wunsch der Tochter bzw. des Sohnes nach Nähe größer ist als bei den Eltern, sollten solche Bedürfnisse auch ausreichend befriedigt werden, notfalls über die Oma oder den Opa oder andere Bezugspersonen.

Konflikte gemeinsam lösen

Wer mit Jugendlichen unter einem Dach lebt, muss auch bereit sein zum Streiten. Jugendliche entwickeln sich zu eigenständigen Persönlichkeiten mit eigenen Vorstellungen, eigenen Wünschen und eigenem Willen. Wir Eltern haben jedoch ebenfalls unsere Vorstellungen und Wünsche. Und die werden oft ganz anders sein. Da sind Konflikte und Auseinandersetzungen vorprogrammiert. Die Mutter versteht etwas anderes unter Ordnung als die 16-jährige Tochter. Dem Sohn ist es egal, ob man gemeinsam Abendbrot isst oder nicht, dem Vater aber nicht usw. Für einige dieser Themen wird man auf Dauer Kompromisse finden. Vielleicht muss z. B. nicht überall peinliche Ordnung herrschen, aber der Boden sollte frei geräumt sein und im engen Badezimmer darf nichts liegen bleiben.

Es ist nicht einfach, Konflikte konstruktiv miteinander zu lösen, und es bedarf der Übung. Im Zusammenleben mit Jugendlichen haben wir ausreichend Gelegenheit zum Üben.

Was in Firmen mittlerweile bekannt ist und in Fortbildungen gezielt trainiert wird, wird zu Hause leider oft übersehen: Konflikte stören viele andere Prozesse, und es gibt sinnvolle, grundsätzliche Strategien, Konflikte zu lösen.

Konflikte können die unterschiedlichsten Ursachen haben,[56] z. B. Missverständnisse im Gespräch; das Gefühl, ungerecht behandelt worden zu sein; unterschiedliche oder unvereinbare Einstellungen; Misstrauen; Machtkämpfe; Doppelbotschaften usw. Alle diese Ursachen stören das Miteinander und führen zu Auseinandersetzungen, die immer mehr eskalieren, wenn sie nicht besprochen und gelöst werden. Nicht selten führen nämlich Konflikte zu tiefgreifenden negativen Haltungen und Verletzungen.

Folgendes erleichtert das Lösen von Streitigkeiten und Konflikten:

---

[56] Siehe z. B. in Annegret Hugo-Becker/Henning Becker: Psychologisches Konfliktmanagement. Menschenkenntnis – Konfliktfähigkeit – Kooperation. München: dtv 2000, S. 108.

In dem Moment, in dem der Streit eskaliert und die Gefühle überschäumen, lassen sich Konflikte nicht mehr sachlich lösen. Es ist dann besser, sich erst einmal zu separieren und später, wenn sich die Emotionen wieder beruhigt haben, über den Streit zu sprechen. Wenn alle wieder ausgeglichener sind, kann man sich zusammensetzen und gemeinsam über den Streit reden, versuchen, die Ursachen des Konflikts zu finden, ihn sachlich betrachten und nach Lösungen bzw. Veränderungen suchen: Was können wir tun, um unser Problem zu lösen? Die »Parteien« müssen hierbei einander ausreden lassen, jede muss beschreiben dürfen, wie sie die Problematik verstanden hat – ohne dass die andere Seite bewertet und kommentiert. Wenn es um Meinungsverschiedenheiten geht: auch mal die unterschiedlichen Meinungen stehen lassen. Jeder hat ein Recht auf seine eigene Meinung, auch wenn sie dem anderen nicht gefällt.

Eine wichtige Regel besagt, dass *alle* etwas zu dem Streit sagen dürfen. Zudem sollten alle gemeinsam bereit sein, dazu beizutragen, dass das Problem gelöst wird (also nicht: »Du musst aber und ich muss nicht.«). Eine weitere Voraussetzung, um Streitigkeiten zu beenden, ist die Fähigkeit zu verzeihen. Man sollte aus der Auseinandersetzung nicht mit dem Gefühl herausgehen: »Nächstes Mal macht sie/er es ja sowieso wieder falsch.«

Um sich gegenseitig besser verzeihen zu können, ist es gut, sich zu entschuldigen. Auch als Mutter oder Vater verletzen wir die Jugendlichen und sollten uns ebenso dafür entschuldigen wie unsere Kinder im umgekehrten Fall. Eltern verlieren durch eine Entschuldigung nicht an Respekt, sondern sie gewinnen Respekt und sind gute Vorbilder. Eine Verletzung braucht übrigens, um neutralisiert zu werden, etwa fünf Wiedergutmachungen. Das können kleine Freundlichkeiten sein: Wenn man seine Tochter im Streit beleidigt hat, helfen ein paar freundliche Bemerkungen und vielleicht bietet man ihr bei Tisch besonders aufmerksam den Käseteller an.

Es lohnt sich immer, sich zu bemühen, einen Streit besser zu verstehen, seine Ursachen und Lösungsmöglichkeiten herauszufinden. Meistens nimmt der Unmut über den anderen beträchtlich ab, wenn wir seine Beweggründe besser verstehen und sehen, dass der andere ja auch dazu beitragen will, den Konflikt zu beenden.

Wie wir bereits sehen konnten, sind für die Erziehung nicht nur die Atmosphäre und die Umgebung wichtig, sondern auch das Verhalten der Eltern. Doch aus Sicht der Montessori-Pädagogik haben Eltern eine wesentlich bescheidenere Rolle, als sie bisher angenommen haben.

Die Rolle und die Aufgaben der Eltern

Niemand ist der großen, verantwortungsvollen Aufgabe, eine neue Generation zu erziehen und zu begleiten, einfach so gewachsen. Deshalb muss unser erster Schritt hin zu einer guten Erziehung sein, dass wir uns darauf vorbereiten und bereit sind, immer wieder dazuzulernen.

Maria Montessori stellt sogar hohe Ansprüche an die Erziehenden und fordert, »die Omnipotenz abzulegen und ein freudiger Beobachter zu werden.«[57]

---

[57] Aus Maria Montessori: Kosmische Erziehung, a. a. O., S. 112.

Sich vorbereiten

Gute Erziehung bedeutet, bei sich selbst anzufangen und sich vorzubereiten: sich immer wieder gut zu informieren, sein eigenes Handeln und seine Haltung zu reflektieren und bereit zu sein, sich zu verändern.

Gut informiert zu sein heißt Bescheid zu wissen, wie z. B. die Entwicklung der Jugendlichen verläuft und wie wir sie angemessen unterstützen können. Hierfür gibt es Fachliteratur, Zeitschriften, Angebote in der Erwachsenenbildung (z. B. von der Volkshochschule und anderen Trägern) sowie den Austausch mit anderen Eltern und FreundInnen. Auch an Erziehungsberatungsstellen (öffentliche wie private FachberaterInnen) kann man sich bei Unsicherheiten wenden. Sie helfen nicht nur in großer Not, sondern beraten auch bei alltäglichen Erziehungsfragen.

Leider ist es bisher nicht üblich, sich bei Fachpersonen Rat für seinen Erziehungsalltag zu holen. Eltern meinen, es alleine schaffen zu müssen. Sich Rat zu holen gilt als Eingeständnis des eigenen Versagens, nicht als sinnvolle Hilfe. Manchmal gewinnt man den Eindruck, dass niemand so hart mit sich selbst ins Gericht geht wie Eltern. Deshalb wäre es dringend erforderlich, dass Eltern endlich eine Art Solidargemeinschaft gründen, in der man sich gegenseitig unterstützt und Mut macht.

Sich vorbereiten heißt auch: die eigenen Stärken und Schwächen aufdecken und anerkennen. Eltern sind überzeugender, wenn sie nicht so tun, als ob sie alles könnten. Wer seine Schwächen und Fehler zugeben kann, ist einschätzbar und wird ernst genommen. Denn dadurch wirkt er auf andere aufrichtig und kongruent, das heißt, seine Handlungen stimmen mit dem überein, was er denkt und kann. Das Eingeständnis von Fehlern und Schwächen lehrt Jugendliche, Rücksicht zu nehmen. Und es fordert sie auf mitzuhelfen, wenn Eltern zugeben: »Ich weiß jetzt leider auch nicht, was das Beste ist.«

Eltern, die kongruent (authentisch) sind, können Jugendliche vertrauen. Unehrlichkeit spüren sie – schließlich kennen sie uns ja auch schon länger: Selbst wenn wir uns Mühe geben und nett zu unseren Teenies sind, merken sie, wenn wir in Wirklichkeit ärgerlich über sie sind und nicht mit dem einverstanden, was sie gerade machen: »Meine Mutter ist immer total nett zu mir, aber ich weiß, dass sie mich echt nervig findet. Menschen wie ich liegen ihr eben nicht.« Oder: »Wenn ich wieder mal zu spät zum Essen komme, dann hat meine Mutter diesen ärgerlichen Gesichtsausdruck, sie sagt aber nie ein Wort.« Oder: »Meine Eltern scheint es nicht zu interessieren, wann ich abends heimkomme, sie sagen nichts. Doch am nächsten Morgen bestrafen sie mich mit ihrem Schweigen.«

Überzeugender ist es, wenn Eltern ihrem Ärger und ihrer Meinung Ausdruck geben. Besser, als die ganze Person abzuwerten – »Jedes Mal kommst du spät, du bist total unzuverlässig!« – ist es, wenn wir unseren Ärger konkret benennen: »Ich habe mir große Sorgen gemacht, wo du bleibst, und jetzt bin ich sauer. Ich muss mich erst mal wieder beruhigen.«

Eltern müssen nicht alles können, müssen nicht immer beherrscht sein und »pädagogisch wertvoll« reagieren. Und auch wenn wir Eltern unser Verhalten reflektieren sollten, so soll das nicht heißen, dass wir permanent unser eigenes Handeln hinterfragen und dadurch mit uns selbst unzufrieden werden. Wut und Ärger dürfen also sein, allerdings – so Maria Montessoris hoher Anspruch an uns Erziehende – sollten wir Hochmut und Zorn zu überwinden versuchen, sie zumindest nicht gegenüber unseren Kindern ausleben.

Heranwachsende brauchen zufriedene Eltern

Eltern sind eine gestresste und häufig unzufriedene Spezies. Das verursacht bei Jugendlichen das Gefühl, dass sie eigentlich nur nerven und stören. Das ist kein gutes Grundgefühl. Deshalb sollten wir uns auch um uns selbst kümmern, dafür sorgen, dass wir zufriedener werden: indem wir uns nicht nur als Mutter oder Vater um das Wohl unserer Lieben kümmern, sondern auch um das eigene Wohl. Manchmal tut es einfach gut, wenn man alleine ausgeht oder sich mit FreundInnen trifft und mal von den Alltagssorgen abschaltet. Oder man tauscht sich mit guten Freunden über Familienthemen aus. Danach geht man wieder mit neuer Kraft und Lust auf die Familie zu. Deutsche Eltern sind ausgesprochen kritisch sich selbst gegenüber. Doch viel besser, als sich ständig schlecht und schuldig zu fühlen, ist es, sich abends für einen gelungenen Tag zu belohnen und sich positiv zu bestärken. Es kann ja nicht sein, dass Eltern den ganzen Tag lang alles falsch machen.

Perfektionismus passt nicht zur Erziehung

Eine gute Erziehung ist sicher keine Erziehung, in der Eltern keine Fehler und alles perfekt machen. Diesen hohen Anspruch kann kein Mensch erfüllen. So wie es auch kein Ziel sein kann, perfekte Kinder heranzuziehen. Fehler gehören dazu. Anstatt sich als Eltern (Mütter neigen allerdings häufiger dazu) mit überhöhten Ansprüchen zu überfordern, tut ein besserer Umgang mit Fehlern in der Erziehung dringend Not. Erst durch Versuch und Irrtum entwickeln wir uns weiter. Und ohne diese Versuche und Irrtümer gäbe es viele Erkenntnisse und Erfindungen nicht. Fehler sind immer eine Chance für Wachstum.

Generell jedoch gehen wir mit Fehlern meistens negativ um: »Du machst das falsch, du musst das anders machen.« – »Kannst du das denn immer noch nicht? Ich habe es dir doch gerade gezeigt.« Dieses Bloßstellen ist peinlich. Der, der den Fehler aufdeckt, stellt sich als der Klügere über den anderen. Und wer mag schon hören, dass er etwas falsch gemacht hat?

Gerade Jugendliche sind sich ihrer selbst unsicher, sodass es für sie hilfreicher ist, wenn sie selbst die Möglichkeit haben, ihre Fehler zu erkennen und zu beheben. Wer so lernt, mit seinen Fehlern umzugehen, der lernt auch, sich realistisch einzuschätzen. Damit wird das in den Jugendjahren schwache Selbstwertgefühl gestärkt: »Ich kann selbstverantwortlich handeln.«

Montessori meint: *»Die Erkenntnis, dass wir Menschen Fehler machen und sie selbst kontrollieren können, bedeutet eine große Errungenschaft der psychologischen Freiheit.«*[58]

Natürlich wollen wir unsere heranwachsenden Kinder vor gravierenden Fehlern und deren schmerzlichen Konsequenzen schützen. Aber haben Sie in Ihren Jugendjahren immer auf die Verbote und Warnungen Ihrer Eltern gehört? Es ist typisch für das Jugendalter, dass man seine eigenen Fehler machen will. Eltern bleibt allenfalls die Möglichkeit, von ihren eigenen Erfahrungen und Fehlern zu berichten und dadurch auf mögliche Gefahren und die Lösungen hinzuweisen, die sie selbst gefunden haben.

Es ist erschreckend, wie viele Jugendliche Angst davor haben, etwas nicht richtig zu können. Doch sollen sie erleben,

---

[58] Maria Montessori: Schule des Kindes. Montessori-Erziehung in der Grundschule. Freiburg: Herder 1995, S. 15.

dass ihnen etwas gelingt oder dass sie Fehler auch selbst korrigieren können, wenn sie es nicht ausprobieren?

Insgesamt nimmt es Einfluss auf Heranwachsende, wie wir selbst mit Fehlern umgehen: Wenn wir zu unseren Fehlern stehen, versuchen, sie zu beheben, und uns für Fehler entschuldigen, anstatt sie zu verschweigen, so hat das Vorbildcharakter.

Eltern sind ein Teil der Umgebung

Auch wenn unsere Kinder für uns immer besonders wichtig bleiben, so ist das umgekehrt nicht der Fall: Irgendwann werden uns unsere Kinder verlassen und vielleicht eine eigene Familie gründen. Andere Menschen werden ihnen wichtiger sein als wir. Laut Montessori sind wir Erwachsene eigentlich nur *ein Teil* der kindlichen und jugendlichen Umgebung. Wir sind sogar austauschbar, wie sich in Pflege- und Adoptivfamilien zeigt.

Wenn wir uns jedoch als das Wichtigste im Leben unserer Kinder fühlen, so schaffen wir damit große Abhängigkeiten: Wir machen uns abhängig von unseren Kindern und unsere Kinder abhängig von uns. Wie jedoch bereits erwähnt, strebt der innere menschliche Bauplan Selbstständigkeit und Unabhängigkeit an. Wir Eltern sollten uns also nicht überbewerten.

Passiver werden, damit die Jugendlichen aktiv sein können

Viel zu häufig nehmen wir Eltern unseren Jugendlichen wichtige Entwicklungsarbeit ab. Wir meinen es gut, wollen helfen und waschen den 16-Jährigen noch die Wäsche, bekochen sie, erinnern sie an Aufgaben oder Termine, sagen ihnen, was sie anziehen sollen oder was sie lernen sollen, und fällen so manche Entscheidung, ohne die Jugendlichen überhaupt gefragt zu haben.

Freilich wissen und können Jugendliche noch nicht alles, doch wir sollten es ihnen überlassen, ihre eigenen Erfahrungen zu machen. Lieber begehen sie ihre ersten Fehler mit unserer Hilfe, als später allein. Sich in Freiheit zu entfalten soll nicht heißen, nur das zu machen, wozu man Lust hat und was einem Spaß macht. Wirkliche freie Entfaltung bedeutet vielmehr, sich durch eigenes, selbstständiges Tun auf das Leben vorzubereiten. Also sollten Jugendliche aktiv am Familienleben teilnehmen und auch mal für das Mittagessen verantwortlich sein oder für das Beziehen der Betten.

»Dass alle unsere Erkenntnisse mit der Erfahrung anfangen, daran ist gar kein Zweifel«, meinte schon Immanuel Kant in seiner ›Kritik der reinen Vernunft‹. Und viele dieser Erfahrungen liegen im Alltäglichen, nicht in berauschenden Events.

Einfühlsam beobachten

Damit wir wissen, wann wir unseren heranwachsenden Kindern helfen sollen und wie wir sie sinnvoll unterstützen können, ist es wichtig, sie zu beobachten. Aber Vorsicht: Aus unserer Beobachtung darf keine Kontrolle werden. Vielmehr geht es darum, dass wir die jeweiligen Interessen erkennen oder uns in die Situation unserer Tochter/unseres Sohnes einfühlen. Also aufmerksam hinschauen: Was macht meine Tochter/mein

Sohn gerade gerne? Was interessiert sie/ihn? Wie wirkt sie/er auf mich?

Zwar sollte man sich durch Lektüre oder Austausch mit anderen darüber informieren, was die Besonderheiten im Jugendalter sind. Doch die Einzigartigkeit ihrer eigenen heranwachsenden Kinder sollten Eltern kennen – und auch akzeptieren. Denn einen ruhigen Typ kann man nicht in einen exaltierten Menschen verwandeln. Ebenso wird ein 13-jähriger Junge seine Unsicherheiten in der Regel anders überspielen als ein 13-jähriges Mädchen.

Um jemanden richtig zu verstehen, ist es notwendig, sich in ihn hineinzufühlen. Empathie verhilft ebenfalls dazu, Jugendliche zu erreichen.

Helfen und nicht eingreifen

Helfen und helfen ist nicht das Gleiche. Ein Beispiel, das ich bereits an früherer Stelle angeführt habe, soll dies verdeutlichen: Die Mutter schaut ihrem 13-Jährigen bei den Hausaufgaben über die Schulter und bemerkt einen Fehler: »Das ergibt aber 208 und nicht 308«, erklärt sie ihm. Als der Sohn hierauf ärgerlich reagiert, wundert sich die Mutter: »Ich habe dir doch nur helfen wollen, da verbitte ich mir deinen frechen Ton«, entgegnet sie. Der Junge antwortet genau richtig, als er sagt: »Ich habe dich aber gar nicht um Hilfe gebeten.« Der Sohn empfand die Korrektur der Mutter nicht als Hilfe, sondern als eine Einmischung in seine Angelegenheiten.

Wir alle kennen solche Situationen, bei denen wir eigentlich helfen wollen und uns nur Ärger einhandeln. Mit vielen unserer gut gemeinten Rat-*schläge* nehmen wir den Jugendlichen letztlich wichtige Entwicklungsarbeit ab: Sie wollen selbst lernen, wie man es macht, auch, wie man seine Fehler selbst korrigiert.

Wie wir im Kapitel »Montessoris Verständnis von Erziehung« (S. 27) bemerkt haben, sollten wir erst dann eingreifen, wenn wir um Hilfe gebeten werden – und unsere Hilfe sollte nur darin bestehen, dass wir dem Bittenden zeigen, wie er es zukünftig allein machen kann. Der implizite Wunsch der Jugendlichen an uns lautet ja: »Hilf mir, es selbst zu tun.« Und auf diese Bitte sollten wir warten. Erziehung erfordert also viel Geduld von uns Eltern.

Also immer wenn wir nicht auf diese Bitte warten, stattdessen den Jugendlichen die Arbeiten und die damit verbundenen Erfahrungen abnehmen, anstatt ihnen zu zeigen, wie sie es selbst machen können, ist mit schlechter Laune zu rechnen.

Wenn wir helfen wollen, können wir unsere Hilfe anbieten: »Kann ich dir helfen?« Wir selbst mögen es ja eigentlich auch nicht, wenn jemand ungefragt zu uns sagt: »Nein, das macht man ganz anders, komm, ich zeige dir das mal ...«

Entwicklung braucht Zeit

Jugendliche brauchen Zeit zum Ausprobieren, sie brauchen Zeit, um Fehler zu machen, um eigene Erfahrungen zu sammeln, um mal still und mal aufbrausend zu sein, um eigene Lernwege zu beschreiten und sich in ihrem Rhythmus zu entwickeln. Sie brauchen viel Zeit, um über viele Schritte hinweg ihre Personalität zu entfalten. Und diese Schritte verlaufen nie linear, sondern im Zickzack.

Von den Eltern sind hier vor allem Geduld und Vertrauen gefragt. Menschliche Entwicklung ist nie gradlinig und jeder Entwicklungsschritt dauert seine Zeit.

Deshalb sind Vergleiche hier auch schwierig. Man darf nicht erwarten, dass der kleine Bruder mit 14 das Gleiche kann und macht wie seine große Schwester in diesem Alter. Solche Vergleiche untergraben garantiert das ohnehin schwache Selbstwertgefühl der Teenager.

Beraten und begleiten

Eltern müssen nicht allwissend sein und sie müssen auch nicht alle Probleme ihrer Kinder lösen können. Wir helfen Jugendlichen nicht, indem wir für ihre Probleme eine Lösung parat haben. Ihnen ist mehr geholfen, wenn wir ihnen zuhören und sie fragen: »Hast du eine Idee, was du jetzt tun kannst?« Diese einfache Vorgehensweise, die jedem Berater vertraut ist, regt lösungsorientiertes Denken an. Sollte das Problem komplexer sein, dann können wir gemeinsam nach Lösungsmöglichkeiten suchen, Vorschläge machen und überlegen, was wir selbst in diesem Fall tun würden.

Jugendliche empfinden ihre Eltern häufig als Besserwisser, wenn sie ihnen sagen, was gut für sie ist. Denn Jugendliche wollen genau das selbst herausfinden. Deshalb brauchen sie uns mehr als BeraterIn und BegleiterIn, der/die sich in ihre Situation hineinfühlt, realistische Vorschläge macht und eigene Entscheidungen fördert.

Wir können ihnen unsere Erfahrungen und Meinungen zwar mitteilen, aber sie müssen ihre Antworten selbst finden. Und um Antworten finden zu können, bedarf es erst einmal der

Fragen. Deshalb ist es notwendig, Fragen zu fördern und Fragen zuzulassen.

Besonders Jugendliche sind regelrechte Philosophen. Sie schneiden wichtige Lebensthemen an: »Wie stellst du dir Gott vor?«, oder »Würdest du lieber wie eine Indianerin leben, oder gefällt es dir so, wie du jetzt lebst?« Sie werden immer mehr zu interessanten Gesprächspartnern (mit 2 Jahren sprechen Kinder etwa 50 bis 100 Wörter, mit 16 Jahren verstehen sie ca. 50 000 Wörter), die über das Leben und seine Möglichkeiten reden wollen. Wir können jetzt spannenden Gedankenaustausch mit ihnen haben. Allerdings Vorsicht vor zu langen Monologen.

Präsent und aufmerksam sein

Wer beraten und begleiten will, muss nicht nur anwesend, sondern auch präsent sein. Das bedeutet, sich Zeit zu nehmen, um miteinander zu sprechen und sich gegenseitig zu erleben. Bei den gemeinsamen Mahlzeiten oder bei gemeinsamen Ausflügen sollten wir nicht nur unseren eigenen Gedanken nachhängen, sondern Aufmerksamkeit für unsere Tochter bzw. unseren Sohn haben und deutlich zeigen: »Ich bin für dich da«, und: »Ich interessiere mich für dich.«

Es ist nicht nötig, den ganzen Tag Zeit für unsere Teenies zu haben, das brauchen und das wollen sie nicht mehr. Wenn sie beispielsweise in ihrem Zimmer sind und die Türe hinter sich zumachen, ist eine Demonstration unserer Präsenz nicht dadurch nötig, dass wir nach dem Rechten schauen. Jedoch sollten wir mitbekommen, wie es unserer Tochter oder unserem Sohn derzeit geht.

Präsent sein heißt also: die Jugendlichen wach anzuschauen, interessiert nachzufragen, bei Problemen und wichtigen Themen unsere Meinung zu äußern, ansprechbar zu sein, gemeinsame, schöne Aktivitäten vorzuschlagen und zu realisieren.

Berufstätige Eltern, Väter zuvorderst, sind im Arbeitsleben oft sehr eingespannt, sodass es für sie manchmal nicht einfach ist, zu Hause noch Aufmerksamkeit für ihre teilweise lebhaften Söhne oder Töchter aufzubringen. Manchmal braucht es allerdings nur eine Viertelstunde, also nicht viel Zeit, um sich konzentriert miteinander auszutauschen.

Durch unsere Präsenz gewinnt unsere Elternposition an Bedeutung. Wenn Eltern zu wenig präsent sind, versuchen Jugendliche häufig die Aufmerksamkeit der Mutter oder des Vaters durch auffälliges Verhalten einzuklagen: »Mein Vater kümmert sich nie um mich. Wenn ich aber irgendeinen Blödsinn anstelle, dann streitet er wenigstens mit mir.«

Eine Familie (ob als klassische Kleinfamilie, als Teilfamilie oder als Patchwork-Familie) kann auf Dauer nur funktionieren, wenn wir das System Familie aufrechterhalten: Fordernde Kinder und gleichgültige Eltern bilden ebenso wie fordernde Eltern und gleichgültige Jugendliche keine überzeugende Familienstruktur.

Die Beziehung zu den Heranwachsenden neu gestalten

Eine gute Familienstruktur braucht gute Beziehungen zwischen allen Familienmitgliedern. Beziehungen erfordern allerdings Pflege, sie wachsen und verändern sich, sie lassen sich bewusst gestalten.

Es gibt die unterschiedlichsten Beziehungsformen – welche

davon ist zwischen Jugendlichen, Vater und Mutter angemessen? Die allein erziehende Mutter, die der Meinung ist, dass sie und ihre 13-jährige Tochter immer schon die besten Freundinnen waren, wird vermutlich bald enttäuscht feststellen müssen, dass ihre Tochter so manche Geheimnisse vor ihr hat. Oder sie wird ihre Tochter plötzlich ganz anders wahrnehmen, wenn sie diese mit gleichaltrigen Freundinnen herumalbern sieht. Ebenso wird sich der dominante Vater wundern, wenn sich sein Sohn mit 15 nichts mehr von ihm sagen lässt oder provokant das Gegenteil von dem macht, was der Vater von ihm erwartet.

Die Eltern-Kind-Beziehung ändert sich im Laufe der Jahre. Indem Jugendliche zunehmend ihre Persönlichkeit entfalten, beeinflussen und gestalten sie auch bewusst die Beziehung zu den Eltern. Sie werden ihre eigenen Wünsche, Stärken und Schwächen zum Ausdruck bringen und das Verhalten der Eltern hinterfragen: »Du behandelst mich immer noch wie ein Kind, dabei weißt du auch nicht alles besser.«

Wir Eltern müssen die Heranwachsenden mit ihrer individuellen Persönlichkeit als Beziehungspartner annehmen und gleichzeitig auf angemessene Weise Halt und Orientierung geben. »Ich finde solche Gewaltfilme schlimm, sie machen mir Angst, und deshalb gefällt es mir nicht, dass du sie anschaust. Machen sie dir denn keine Angst?«, fragt die Mutter den 14-jährigen Sohn. Mit dieser Formulierung steht die Mutter für ihre Meinung ein, ohne sie dem Sohn aufzuzwingen. Vielmehr nimmt sie ihn ernst, da sie ihn nach seiner Meinung fragt. Einem Grundschulkind hätte die Mutter diese Filme noch verbieten können, doch nicht einem 14-Jährigen. Der schaut sie dann eben bei seinem Freund heimlich an. Besteht jedoch eine gute Beziehung zwischen dem 14-Jährigen und der Mutter, dann wird sich der Sohn mit der Meinung der

Mutter auseinander setzen. Und vielleicht wird er ihre Aufforderung, Gewaltfilme nicht mehr anzuschauen, sogar akzeptieren.

Eine gute Beziehung zwischen Eltern und Jugendlichen ist geprägt davon, dass sich eigenständige Persönlichkeiten respektvoll aufeinander einlassen. Und gemäß der Entfaltung ihres inneren Bauplans sind Jugendliche eigenständige Wesen, keine Mängelwesen.

Letztlich bildet vor allem die Beziehung zwischen Eltern und Heranwachsenden die Basis für eine erfolgreiche Erziehung. Jugendliche nehmen ihre Eltern ernst, wenn sie sich an sie gebunden fühlen, weil sie wissen: Meine Eltern verstehen mich, und ich verstehe, was meine Eltern wollen und denken. Ich kann meinen Eltern vertrauen, und ich finde es wichtig, was meine Eltern sagen.

Wenn unsere Kinder ins Jugendalter kommen, haben wir die Chance, eine neue Beziehung zu ihnen aufzubauen. Eine Beziehung, die auch eine zukünftige Dimension hat, wenn unsere Töchter und Söhne von zu Hause ausziehen und ihr eigenes Leben führen.

Respekt und Vertrauen

Begegnen wir Jugendlichen eigentlich so, wie auch wir behandelt werden möchten? Reden wir respektvoll mit ihnen und über sie? Vertrauen wir ihnen und ihrer Entwicklung? Vertrauen wir ihnen, auch wenn sie Geheimnisse vor uns haben? Oder verletzen wir nicht manchmal die Würde unserer heranwachsenden Kinder, indem wir unser Misstrauen oder unsere Ablehnung ausdrücken: »Das kannst du sowieso nicht.« – »Lass das, das mache ich lieber selbst.« – »Du warst schon immer so ein fürchterlicher Dickkopf.«

Jugendliche verdienen unseren Respekt und unser Vertrauen – sie brauchen ihn sogar für ihre Entwicklung –, auch wenn sie nicht alles in unserem Sinne machen. Wenn wir ihnen Gutes zutrauen, dann schaffen sie auch vieles: wie etwa der Kino-Dokumentarfilm »Rhythm is it« verdeutlicht.

Und wie es in den Wald hineinruft, so schallt es heraus: Eltern, die zwar mit ihren Kindern streiten, ihnen jedoch grundsätzlich mit Respekt und Vertrauen begegnen, sind in der Regel auch für ihre Töchter und Söhne Respekts- und Vertrauenspersonen.

Humor und Gelassenheit

Humor und Witz, das gemeinsame Lachen fördern eine gute Atmosphäre in der Familie. Lachen befreit von innerem Druck und Humor schafft eine gemeinsame, verbindende Sprache.

Doch Humor und Lachen erfordern Gelassenheit. Und die sollten Eltern kultivieren. Vielleicht nehmen wir manchmal die Äußerungen und das Verhalten unserer jugendlichen Töchter und Söhne zu ernst. Vielleicht sollten wir erst einmal abwarten, anstatt sofort auf ein Verhalten oder eine Äußerung der Jugendlichen zu reagieren. Denn unsere Gelassenheit stimmt auch die Jugendlichen weniger trotzig und kooperativer.

Wie oft, bei allem Alltagsstress, lachen wir eigentlich noch gemeinsam mit unseren heranwachsenden Kindern? Bei Befragungen, was SchülerInnen von guten LehrerInnen erwarten, gaben die meisten zur Antwort: Humor. Sicher wünschen Jugendliche sich das auch von ihren Eltern. Denn Humor entspannt und weckt Lust auf Neues, er macht so manches leichter im Leben. Ein guter Witz hilft also manchmal mehr als ein strenges Wort.

Gemeinsam etwas unternehmen

Neben dem Humor verbinden gemeinsame Unternehmungen und Erlebnisse. Vielleicht sind es Rad- oder Bergtouren, Kinoabende oder der Besuch eines Konzerts der Popgruppe, für die die Tochter gerade schwärmt. Es ist sicher spannend, sich in der Familie gegenseitig zu etwas einzuladen, das einen gerade besonders interessiert.

Außerschulische Aktivitäten fördern

Die Schule allein bereitet nicht ausreichend auf das (Berufs-)Leben vor. Indem wir Eltern außerschulische Aktivitäten bei den Jugendlichen anregen, ermöglichen wir wichtige zusätzliche Erfahrungen.

Welche Angebote für Sport, Theater, Musik oder Sonstiges gibt es in der Nähe und was könnte den Sohn oder die Tochter interessieren?

Es ist auch sehr spannend, was manche Jugendvereine auf die Beine stellen; ihre Veranstaltungen erlauben Heranwachsenden die Teilnahme an sozialen Gruppenprozessen und können ihnen sogar viele Erfolgserlebnisse vermitteln. Oft werden hier Interessen und Stärken geweckt, die auch bei der Berufswahl relevant sind. Und Einzelkinder wie auch Kinder Alleinerziehender lernen hier, sich mit weiteren Vertrauenspersonen auseinander zu setzen. Solche Jugendgruppen können z. B. Zirkus-, Musical- oder Theatergruppen sein.

Da Jugendliche streckenweise kein gutes Kurzzeitgedächtnis haben, brauchen sie manchmal unsere Unterstützung bei ihrer Terminplanung, etwa bei der Führung eines ordentlichen Terminkalenders. Damit aus der Freizeit kein Freizeitstress wird.

Pädagogische Konsequenzen und positive Bestärkung

Wie häufig wollten wir schon das Verhalten unserer Kinder korrigieren, indem wir ihnen Strafen angedroht haben? »Hör jetzt endlich damit auf, sonst streich ich dir das Fernsehen!« Oder: »... sonst passiert etwas!« Und wie häufig hat unser Kind dann so lange weitergemacht, bis wir unsere Drohungen in die Tat umgesetzt haben?

Solche Korrekturversuche sind oft erfolglos und lassen Gewinner und Verlierer zurück. Jugendliche lassen sich wenig von diesen Strafandrohungen beeinflussen, sie finden schnell heraus, dass die Strafen letztlich nur unserer Ohnmacht ihnen gegenüber entspringen. Es scheint zwar erst einmal schwieriger zu sein, doch es ist erfolgreicher, wenn die Regeln und Vorgaben und auch die Konsequenzen – also das, was passieren wird, wenn die Regeln und Vorgaben nicht eingehalten werden – klar besprochen sind.

Was passiert, wenn das Zimmer nicht aufgeräumt ist oder die Tochter/der Sohn zu spät nach Hause kommt? Mögliche Konsequenzen können etwa so aussehen: Wir geben kein Geld für Sachen, die in dieser Unordnung verloren oder kaputt gegangen sind. Wenn die Tochter oder der Sohn zu spät heimkommt, müssen wir gemeinsam nach Lösungen bzw. Kompromissen suchen, damit sie/er es auch schafft, die verabredete Zeit einzuhalten: Dürfen vielleicht die anderen alle länger bleiben? Vergisst sie/er die Zeit und es hilft ein Piepser an der Armbanduhr? Und sind wir selbst immer pünktlich?

Statt zu bestrafen, sind eindeutige und nachvollziehbare Konsequenzen sinnvoll. Das heißt, die Konsequenz ergibt sich folgerichtig aus dem vorherigen Verhalten: »Ich wasche deine Wäsche nicht, wenn du sie mir nicht in den Wäschekorb gelegt hast.« Oder: »Wenn du zu spät zum Essen kommst, dann habe ich den Tisch wieder abgeräumt und du musst dir alleine was richten.«

Ebenso braucht eine Jugendliche keine Belohnung dafür, dass sie ihr Zimmer aufräumt. Belohnungen lenken nach Montessori nur vom Eigentlichen ab: Kinder und Jugendliche sollen alltägliche Notwendigkeiten nicht für eine Belohnung oder unsere Anerkennung machen, sondern für ihre Selbstständigkeit.

Bevor wir an Bestrafungen denken, muss geklärt werden, ob das vermeintliche Missverhalten des Jugendlichen auch wirklich zu tadeln ist oder ob es andere Ursachen dafür geben könnte. Denn nicht immer entspringt es einer schlechten Absicht. Manchmal konnte die Tochter oder der Sohn es nicht anders bewerkstelligen oder sie/er wollte – wenn auch in ungeschickter Weise – auf sich aufmerksam machen. Bevor Eltern also ein Verhalten bestrafen oder verurteilen, sollten sie nach den möglicherweise dahinter verborgenen Beweggründen fragen. Und wenn jemand etwas noch nicht kann, so braucht er/sie unsere Ermutigung und keine Strafe. »Ich glaube, dass du das schaffst«, hilft mehr, als zu sagen: »Wenn das beim nächsten Mal immer noch nicht klappt, dann bleibst du eben zu Hause.«

Mit unseren Bestrafungen wollen wir unsere heranwachsenden Kinder eigentlich zu besserem Verhalten motivieren. Doch häufig enden sie in Streit und schlechter Stimmung. Wenn wir uns jedoch angewöhnen, nicht das unerwünschte Verhalten zu bestrafen, sondern das erwünschte freundlich hervorzuheben, motiviert das unsere Jugendlichen viel eher. »Ich freue mich, dass du mir hilfst, die Küche aufzuräumen. Vielen Dank.« Solche positive Bestärkung fördert positives Verhalten.

Auch wenn sich Jugendliche teilweise ganz anders verhalten, als wir es richtig finden, so sollten wir nicht alles das vergessen, was sie gut machen. Und diese Stärken können wir hervorheben, anstatt (andauernd) die Schwächen zu betonen. Dadurch machen wir Jugendlichen Mut: Weil sie labil sind, lassen sie sich manchmal leicht entmutigen. Wenn es in der Schule oder im Sport oder mit FreundInnen mal nicht so läuft, wie sie es gerne hätten, dann brauchen sie Zuspruch und Trost. Eventuell hilft es schon, wenn wir uns die Sorgen und Ängste still anhören, sie an all das erinnern, was sie bereits gemeistert haben, und ihnen damit Hoffnung machen.

Jugendliche brauchen positive Perspektiven, die sie selbst ausgestalten können. Andernfalls rutschen sie womöglich in eine Depression.

Eine gute Kommunikation fördern

KommunikationswissenschaftlerInnen vertreten diese Ansicht schon länger: Das Wissen um die menschliche Kommunikation sowie die entsprechenden Techniken gehören in die Hände jedes Menschen und der Eltern im Besonderen. Denn Erziehung und zwischenmenschlicher Kontakt sind ohne Kommunikation nicht möglich. Selbst wenn wir meinen, nicht zu kommunizieren, ist das trotzdem Kommunikation. Man kann nicht nicht kommunizieren.[59] Wenn wir uns nicht um unsere heranwachsenden Kinder kümmern, so senden wir auch damit eine Botschaft: »Ich habe keine Zeit für dich, du interessierst mich nicht.«

Kommunikation umfasst mehr, als jemandem durch Worte einen Inhalt mitzuteilen. Wie oft kommt es vor, dass etwas, das wir gesagt haben, vom Gegenüber ganz anders verstanden wird. Die Mutter erinnert ihre 14-jährige Tochter freundlich an ihr Pausenbrot und wundert sich, dass diese sie unfreundlich anfährt: »Kannst du mich nicht mal in Ruhe lassen?«

Im Gespräch nehmen wir zu ca. 60 Prozent die Mimik und Gestik des Sprechers wahr, zu ca. 33 Prozent den Tonfall und nur zu ca. 7 Prozent den Inhalt. Bei Kindern ist das Verhältnis sogar 60 Prozent zu 35 Prozent zu 5 Prozent, während Kleinkinder nur ca. 3 Prozent des Inhalts hören. Mimik, Gestik und Tonfall machen also 93 Prozent einer Botschaft aus – das sollten gerade Eltern bedenken.

Erst wenn wir die verschiedenen Ebenen der menschlichen Kommunikation besser verstehen, begreifen wir auch die Missverständnisse, die sich in unseren Gesprächen ergeben.

Was sind die Kennzeichen einer guten Kommunikation und worauf sollten wir achten, um eindeutiger mit unseren heranwachsenden Kindern zu kommunizieren und uns folglich besser zu verstehen?

---

[59] Vgl. Paul Watzlawick: Wie wirklich ist die Wirklichkeit? Wahn – Täuschung – Verstehen. München: Piper 1978.

Wir hören mit vier Ohren

Der Kommunikationswissenschaftler Friedemann Schulz von Thun[60] hat ein anschauliches Modell menschlicher Kommunikation vorgelegt. Er zeigt auf, dass wir mit vier Ohren hören und auf vier Ebenen sprechen:

Ohr eins ist das Ohr, auf dem wir den sachlichen Inhalt, die Information, hören.

Ohr zwei hört auf der Beziehungsebene.

Ohr drei hört den Aufruf, den Appell.

Ohr vier hört, was die sprechende Person von sich selbst offenbart.

Hierzu ein kleines Beispiel:[61]

Die 16-jährige Tochter will zu Freundinnen gehen. Zwischen der Mutter und der Tochter entsteht ein kurzes Gespräch.

Die Mutter sagt in freundlichem Ton: »Ziehe dir eine warme Jacke an, es ist kalt draußen.«

Die Tochter antwortet in ärgerlichem Ton: »Warum denn, es ist doch gar nicht kalt.«

Hierauf reagiert die Mutter ebenfalls ärgerlich, ihr missfallen der Ton und die Unvernunft der Tochter. Sie fühlt sich verantwortlich dafür, dass die Tochter sich wärmer anzieht. Deshalb sagt sie jetzt energischer: »Wir haben nicht mal 1 Grad draußen und es ist auch sehr windig.«

Die Tochter raunt zurück: »Wenn du mal auf das Thermometer geschaut hättest, dann wüsstest du, dass bestimmt 10 Grad draußen sind.«

Diese Rechthaberei der Tochter gefällt der Mutter noch we-

---

[60] Siehe Friedemann Schulz von Thun: Miteinander reden, Bd. 1: Störungen und Klärungen. Reinbek: rororo 2001.

[61] Ebd., S. 48 f.

niger und sie will der unnötigen Diskussion nun ein Ende setzen: »Du hast gehört, was ich gesagt habe, du ziehst jetzt deine Jacke an!«

Über diesen Befehlston ist die Tochter empört. Sie verlässt kommentarlos – natürlich ohne Jacke – die Wohnung.

Solche gescheiterten Dialoge kennen wir alle. Wie kam es, dass Mutter und Tochter in einen Streit gerieten und die Atmosphäre zwischen beiden sich verschlechterte?

In den Aussagen der Mutter sind folgende vier Botschaften enthalten: Inhaltlich teilt sie mit, dass es draußen nur knapp 1 Grad ist. Auf der Beziehungsebene signalisiert sie, dass sie als Mutter das Recht hat, ihre 16-jährige Tochter zu bevormunden. Auf der Appellebene enthält die mütterliche Aussage die Aufforderung, dass die Tochter ihre Jacke anziehen soll. Und über sich selbst drückt die Mutter aus, dass sie Sorge hat, die Tochter könne sich ohne Jacke draußen erkälten.

Und was hörte die Tochter? Sie reagiert ärgerlich darauf, dass die Mutter sie bevormundet und wie ein kleines Kind behandelt (auf der Beziehungsebene). Sie antwortet inhaltlich zwar sachlich, im Tonfall jedoch patzig. Sie verbessert die Information der Mutter und hat damit sogar Recht (es ist mehr als 1 Grad draußen).

Beide argumentieren auf der Sachebene, sprechen über die Temperatur draußen. Aber mit ihrem Tonfall drücken sie ihren Ärger über ihre Beziehung aus. Die Tochter denkt: Meine Mutter behandelt mich nicht wie eine 16-Jährige, sondern wie ein kleines Kind. Und sie zeigt ihr: Ich mache es so, wie ich es will, und ich weiß es besser als du. Im Grunde lehnt die Tochter die Behandlungsweise ihrer Mutter ab. Sie drückt ihre Ablehnung aber auf der sachlichen Ebene aus, indem sie der Temperaturangabe der Mutter widerspricht.

Insofern tragen die beiden den Konflikt innerhalb ihrer Beziehung auf einer ganz anderen Ebene, nämlich der sachlichen Ebene, aus. Da, wo er gar nicht hingehört. Mutter und Tochter verhandeln über die Temperatur, obwohl sie eigentlich ihre Beziehung zueinander neu definieren müssten.

Um aus dieser Schieflage herauszukommen, hätte die Tochter auf die erste Aussage der Mutter z. B. antworten können: »Vielleicht hast du ja Recht, dass ich eine Jacke anziehen sollte. Aber gib mir bitte keine Anweisungen, denn dann fühle ich mich von dir wie ein kleines Kind behandelt.«

Auch die Mutter hätte den Dialog bereits anders eröffnen und ihrer Sorge um die Gesundheit der Tochter Ausdruck verleihen können, um so die Bevormundung zu vermeiden: »Ich habe Sorgen, dass du dich erkältest, deshalb fände ich es besser, wenn du eine warme Jacke anziehst.«

Viele Missverständnisse in Gesprächen ergeben sich daraus, dass wir auf den vier Ebenen unterschiedliche oder sogar sich widersprechende Aussagen machen. Viele Eltern haben sich z. B. angewöhnt, ihre Jugendlichen zu fragen: »Hilfst du mir, den Abendbrottisch zu decken?« Und sie ärgern sich dann, wenn sie als Antwort ein Nein erhalten. Doch wer eine Frage stellt, muss auch mit einer unliebsamen Antwort rechnen. Wenn man jedoch möchte, dass der andere beim Tischdecken hilft, dann sollte man auch eine eindeutige Aufforderung aussprechen: »Bitte hilf mir jetzt den Abendbrottisch zu decken.«

Es ist also wichtig, dass wir eindeutig sprechen und uns auch so verhalten, statt uns mehrmals zu wiederholen oder zu fragen oder es dann doch anders zu machen. Regeln, Grenzen wie auch Aufträge brauchen nur einmal eine deutliche Erklärung – alles Weitere ist überflüssig.

Um in dieser Art eindeutig zu kommunizieren schlägt uns Thomas Gordon[62] sinnvolle Techniken vor:

Ich-Botschaften und die Sprache der Annahme

Damit unsere Mitteilungen bei unseren Gesprächspartnern richtig ankommen, sollten wir sie mit einem »Ich« beginnen. Während eine Botschaft mit »Du« weniger erfolgreich ist, findet eine so genannte »Ich-Botschaft« viel eher Gehör. Ein Beispiel hierzu:

Der Vater kommt müde nach Hause, und die Tochter geht munter auf ihn zu, um ihn zu fragen: »Kannst du mir mal eben helfen, mein Fahrrad zu reparieren?«

Der Vater antwortet verärgert: »Lass mich mit deinem Fahrrad in Ruhe!«

Der Vater wird zwar vermutlich in Ruhe gelassen, aber die Atmosphäre zwischen ihm und seiner Tochter ist eine Zeit lang vergiftet.

Der Vater erreicht sein Ziel (Zeit zum Ausruhen) besser, wenn er seine Antwort freundlicher formuliert: »Es tut mir leid, aber ich bin jetzt total müde und muss mich erst einmal ausruhen. In einer Stunde kann ich dir bei der Reparatur helfen.« Also statt: »Du störst mich«, als ehrliche Antwort: »Ich kann jetzt nicht.« Umgekehrt sollten auch Eltern ein »Ich kann jetzt nicht« von ihren Töchtern und Söhnen akzeptieren.

Es ist interessant, wie viel überzeugender eine solche »Ich-Botschaft« in Gesprächen ist. Sie ermöglicht nicht nur eine klare Aussage, sondern insgesamt ein befriedigenderes Ge-

---

[62] Siehe Thomas Gordon: Familienkonferenz. Die Lösung von Konflikten zwischen Eltern und Kind. München: Heyne 1989.

spräch oder erfolgreichere Verhandlungen, ohne Machtkämpfe und Positionsstreitigkeiten. Und auch ohne Gewinner und Verlierer.

Lassen Sie mich ein weiteres Beispiel anführen: Nehmen wir an, der 12-jährige Sohn berichtet seinem Vater: »Frau Meyer (die Englischlehrerin) ist echt blöd, sie nimmt mich nie dran, wenn ich mich melde.«

Der Vater belehrt ihn daraufhin: »Kein Wunder, dass sie dich nie dran nimmt, so schüchtern wie du immer bist. Sicher meldest du dich nicht schnell genug.«

Daraufhin verlässt der Sohn schweigend den Raum.

Er wird sich demnächst hüten, sich mit seinen Sorgen wieder an den Vater zu wenden. Denn der hat ihn mit seiner Interpretation abgewertet, ihm die Schuld gegeben und seine Sorgen nicht ernst genommen. Wenn er jedoch mit einem »Aha« oder »Ich höre, du magst deine Englischlehrerin nicht« geantwortet hätte, so wäre das Gespräch zwischen Sohn und Vater vermutlich besser verlaufen.

Oder das Beispiel des 17-Jährigen, der sich an die Mutter wendet: »Ich befürchte, ich habe die Mathearbeit verhauen.« Die Mutter reagiert darauf: »Klar, du tust ja auch nichts für die Schule. Du bist lieber mit Tanja unterwegs.« Diese Antwort war vermutlich nicht das, was der Sohn jetzt hören wollte. Selbst wenn die Mutter inhaltlich Recht haben mag (dass er zu wenig für die Schule macht), sprach der Sohn hier von seinen Sorgen und suchte Trost, nicht eine Zurechtweisung. Auch hier hätte das Gespräch vertrauensvoll weitergehen können, wenn die Mutter geantwortet hätte: »Ich höre, du machst dir Sorgen.« Vermutlich wäre dem Sohn während des Gesprächs sogar selbst aufgefallen, dass er zukünftig mehr für die Schule tun muss. 17-Jährige sind ja nicht dumm.

Zu oft werten wir Eltern unsere Söhne und Töchter in Gesprächen ab, wissen vermeintlich bessere Lösungen für sie und nehmen sie mit ihren Sorgen nicht richtig ernst.

Thomas Gordon schlägt uns vor, häufiger mit der Sprache der Annahme zu sprechen. Auch wenn wir unseren Kindern gegenüber Annahme empfinden, wissen wir Eltern oft nicht, wie wir diese ausdrücken können. Was bedeutet also »Sprache der Annahme«?

- Wir können durch unsere Körperhaltung, unsere Mimik und Gestik Annahme ausdrücken, indem wir dem anderen unseren Blick zuwenden, ihn anlächeln oder bestätigend mit dem Kopf nicken oder unsere Handflächen erheben und sie zu uns wenden, um auszudrücken: »Komm her.«
- Durch konzentriertes Zuhören und zustimmende Laute wie z. B. »Aha« oder »Oh« bestärken wir unsere Annahme.
- Neben solchen zustimmenden Lauten bestärken auch aufmunternde Äußerungen unseren Gesprächspartner weiterzureden, z. B. »Interessant!«, »Tatsächlich?«, »Das möchte ich gerne näher wissen«, oder »Das scheint dir sehr wichtig zu sein«. Alle diese Äußerungen stellen Türöffner für die Fortsetzung eines Gespräches dar. Sie drücken aus: »Ich achte dich und möchte deine Meinung hören.«
- Damit die Türen im Gespräch auch offen bleiben, sollten wir aktiv weiter zuhören. Wenn wir eine Botschaft empfangen haben, brauchen wir sie nur zwischendrin zu wiederholen und damit zu signalisieren: »Ich verstehe dich und höre zu.«
- Und damit unsere heranwachsenden Kinder auch uns zuhören, sollten wir in der oben beschriebenen Ich-Form sprechen.

Durch eine gute Kommunikation erhöhen wir Eltern die Chance, eine gute Beziehung zu unseren Jugendlichen aufzubauen. Heranwachsende suchen vermehrt das Gespräch mit uns. Sie interessieren sich für unsere Erfahrungen, unsere Meinung und wollen gleichzeitig über ihre Ansichten wie auch ihre Sorgen sprechen. Anstatt jedoch belehrt oder gar bewertet zu werden, wollen sie als Gesprächspartner ernst genommen sein. Und sie wollen durch Gespräche mit uns zu eigenen Ideen und Lösungen angeregt werden.

Es lohnt sich also, sich selbst einmal beim Sprechen zu beobachten: Was will ich eigentlich wirklich sagen? Auf welchem der vier Ohren hört meine Tochter, mein Sohn mich? Drücke ich Annahme aus oder Ablehnung, öffne ich die Türen für ein Gespräch? Sende ich klare Ich-Botschaften?

Freundlich sprechen und von eigenen Erfahrungen berichten

Viel zu selten nehmen wir Eltern uns Zeit, freundlich und interessiert mit unseren heranwachsenden Kindern zu sprechen oder auch von uns zu erzählen, von unseren eigenen Erfahrungen und Sorgen. Stattdessen erteilen wir Verbote und geben Ratschläge.

Eine gute Atmosphäre braucht jedoch einen freundlichen Umgangston, der von einem Lächeln begleitet wird. Und »bitte« und »danke« sind altbewährte, freundliche Höflichkeitsformeln, die auch Eltern gut anstehen.

Vorbild sein

Eltern sind wichtige Vorbilder für Heranwachsende. Unsere Lebensführung, wie wir sprechen, uns verhalten, was wir denken, unsere Lebensmotive – all das nimmt Einfluss auf die Menschen, mit denen wir zusammenleben. Erziehung bedeutet also weitaus mehr als unsere pädagogische Methode.

Sind wir gute Vorbilder? Vorbilder, die von Jugendlichen ernst genommen werden und die den vielen schlechten Vorbildern etwas Gutes entgegenzusetzen haben? Viele erst 11- und 12-Jährige sind z. B. von dem Sänger Eminem begeistert, der in seinen Liedern seine Mutter vergewaltigt und im Sand vergräbt. Was setzen wir solchen Vorbildern wie Eminem entgegen, der in seinen Liedern und Videoclips detailliert seine Gewaltfantasien darstellt?

Besonders als Eltern Jugendlicher haben wir die Möglichkeit, unsere Töchter und Söhne nicht nur dabei zu begleiten, einen guten Schulabschluss zu erreichen, sondern auch ihre emotionale Intelligenz[63] und ihr moralisches Urteilsvermögen zu fördern, indem wir über unsere Ansichten und Meinungen sprechen, indem wir als Vorbilder handeln.

---

[63] Siehe Daniel Goleman: EQ. Emotionale Intelligenz. München: dtv 1997.

Einige Erziehungsthemen näher betrachtet

Es gibt zahlreiche und auch einleuchtende Anregungen für eine gute Erziehung, aber in den konkreten Alltagssituationen lassen sie sich nicht immer so leicht umsetzen. In der Regel bleiben dann noch viele Fragen offen. Doch je besser wir diese Situationen durchschauen und dabei erkennen, wie viele Gestaltungsmöglichkeiten uns eigentlich zur Verfügung stehen, desto entspannter wird unser Erziehungsalltag. Deshalb seien hier einige dieser Erziehungsthemen näher betrachtet.

Umgang mit Sexualität

Während der Grundschulzeit scheint Sexualität für Kinder kaum eine Bedeutung zu haben und das Interesse am anderen Geschlecht ist allenfalls verspielt. Doch mit Eintritt in die Pubertät ändert sich das meistens drastisch: Plötzlich wird auf das Styling geachtet und am Telefon werden Dauergespräche geführt.

Die sexuelle Reifezeit der Jugendlichen hat sich in den letzten Jahrzehnten deutlich nach vorne verschoben, manchmal wächst ein Busen schon mit 9 oder 10 Jahren. Zunehmend interessieren sich Jugendliche für Themen wie Liebe und Sexualität. Sie stellen Fragen wie: »Woher weiß ich, wann ich verliebt bin?« – »Wie küsst man?« – »Was ist eigentlich erotisch?«

Häufig suchen 10- bis 15-Jährige in kleinen, vertrauten

Gruppen dann nach der eigenen Sexualität, gehen z. B. gemeinsam auf die Toilette und betrachten ein Kondom, einen Tampon usw. Es interessiert sie nun, wie es bei uns »damals« war, wie wir den Papa bzw. die Mama das erste Mal geküsst haben, wann die Mutter das erste Mal ihre Tage bekommen hat. Es sind freilich äußerst intime Fragen, die uns da gestellt werden, doch es sind auch ganz natürliche Fragen. Es ist gut, wenn Kinder frühzeitig, schon vor der Pubertät, wissen, was auf sie zukommt, und ausreichend aufgeklärt sind.

Offenbar haben viele Jugendliche diesbezüglich deutliche Wissenslücken. Und das, obwohl Sex in den Medien ein Dauerbrenner ist und das Thema Sexualität schon im Grundschullehrplan steht. Laut einer Untersuchung aus dem Jahr 2001 waren die Mädchen schlechter informiert als 1994 und 1998. Über 50 Prozent der 14- bis 17-jährigen Mädchen wussten nicht, wann die fruchtbaren Tage im Menstruationszyklus sind. Von den Jungen wussten es fast 80 Prozent nicht.[64] Ebenso scheinen Jugendliche eher theoretisch als praktisch über Verhütung Bescheid zu wissen: 2002 haben sich 5 420 minderjährige Mädchen für die Geburt ihres Kindes entschieden und im Jahr 2003 zählte das Statistische Bundesamt 7 645 Abtreibungen bei minderjährigen Mädchen.

Jugendliche, die Rat suchen, brauchen in erster Linie Vertrauenspersonen und gute Informationsquellen, wie Fachbücher, Jugendbücher über Liebe und Pubertät oder auch die Aufklärung für 12- bis 16-Jährige von der Bundeszentrale für Gesundheit im Internet.[65]

---

[64] So der Sexualwissenschaftler Norbert Kluge in ›Focus: Schule‹, Nr. 1/2004.

[65] Siehe *www.loveline.de*

Neben Gesprächen nehmen wir Eltern auch mit unserer ganzen Körperlichkeit Einfluss auf die Sexualität unserer Kinder. Sie beobachten sehr genau, wie wir unseren Partner/unsere Partnerin berühren, welche Zärtlichkeiten wir austauschen und wie wir unseren Körper pflegen. Hier haben wir Gelegenheit, der einseitigen Darstellung der Medien etwas entgegenzusetzen: Während Sex dort oft in Zusammenhang mit Gewalt und in erster Linie aus der Sicht männlicher Suchtbefriedigung dargestellt wird oder aber sich hinter einer klischeehaften Vorstellung von Liebe ganz verliert, haben Sexualität und Liebe noch viele weitere Facetten. Diese sollten die Jugendlichen auch wahrnehmen. Eltern dürfen also nicht nur darauf vertrauen, dass sich die Sexualität einfach entwickelt, sondern sie sollten sich dieses Themas mit Bedacht und Einfühlungsvermögen annehmen. Weiß meine Tochter/mein Sohn eigentlich, dass sich die männliche und die weibliche Sexualität unterscheiden?

Erst mit etwa 18 Jahren folgt dieser Suche nach der eigenen Sexualität das deutlichere Interesse für einen Partner/eine Partnerin. Meistens fallen erst dann die ernsteren Entscheidungen darüber, mit wem man gehen will.

Üblicherweise wird während der Suche nach der eigenen Sexualität der Wortschatz sexualisierter. Anstatt dies zu verbieten oder abzutun, ist es wichtiger, dass die Jugendlichen lernen, sich in der jeweiligen Situation angemessen auszudrücken. Unter FreundInnnen, in der Familie, in der Schule, bei Verwandten spricht man jeweils unterschiedlich. Und Verliebte finden nochmals ihre ganz eigene Sprache.

Neben der Sprache ändert sich in der Pubertät auch das Verhältnis zum eigenen Körper. Bereits mit 10, 11 Jahren entwickelt sich die Scham. Jetzt wollen Jungs wie Mädchen nicht mehr nackt gesehen werden und sind gerne alleine im Badezimmer. Dieses ausgeprägte Schamgefühl sollten die anderen Familienmitglieder respektieren und nicht als übertrieben abtun: »Stell dich bloß nicht so an. Da ist doch sowieso nichts zu sehen.« Vielmehr können wir auch hier gewisse Hilfestellungen anbieten, wie in folgendem Beispiel: Der 13-jährige Sohn will auf einmal nicht mehr mit ins Schwimmbad, was alle sehr erstaunt. Niemand konnte ihn bisher überreden, bis der Vater ihn in einem vertrauensvollen Gespräch nach dem Grund fragt. Der Sohn erklärt verschämt, dass er sich nicht in seiner engen Badehose zeigen möchte, da man da alles sehe. Daraufhin schlägt der Vater vor, gemeinsam eine neue Badehose zu kaufen. Seitdem geht der Sohn wieder mit ins Schwimmbad.

Umgang mit Gefühlen

Indem sich die Jugendlichen immer mehr ihrer selbst bewusst werden, werden ihnen auch ihre Gefühle bewusster. Sie kosten sie teilweise regelrecht aus. Dadurch üben sie, mit diesen Gefühlen umzugehen. Ängste, Frustrationen und negative Gefühle machen Jugendliche stark, wenn sie lernen, sie auszuhalten. Dabei hilft es, mit ihnen darüber zu sprechen und Worte für die Gefühle zu finden, sie differenziert zu benennen. Ebenso sollten Jugendliche erfahren, wie andere Menschen auf ihre (manchmal heftigen) Gefühlsäußerungen reagieren können und dass es Grenzen dafür gibt. Mit wütendem Geschrei erreicht man wenig und die anderen schreien zurück. Also wohin mit der Wut? Manchmal sollte man den Raum verlassen und seine Wut lieber in ein Kissen boxen. Später kann man dann klären, woher sie eigentlich kam, und sie benennen.

Neben der Wut durchleben Jugendliche zahlreiche weitere

Gefühle, die viele Gesichter haben: Manche Angst ist z. B. anregend und eine andere lähmt. Wir Eltern können unsere Kinder durch Nachfragen einladen, über ihre Gefühle zu sprechen, und ihnen auch unsere Gefühle mitteilen.

Keineswegs aber sollten wir ihre Gefühlsäußerungen abtun: »Es gibt gar keinen Grund, wütend zu sein.« Oder: »Du immer mit deiner Ängstlichkeit.« Manchmal hilft es schon, Gefühle zu benennen, ohne dass man bereits nach Lösungen und Veränderungen sucht: »Ich sehe, du bist total wütend.« (Vgl. dazu »Ich-Botschaften und die Sprache der Annahme«, S. 121.)

Dass wir Eltern die Ängste unserer Jugendlichen ernster nehmen sollten, zeigt sich u. a. auch darin, dass laut Presse- und Erfahrungsberichten die Angst der Jugendlichen immer mehr zunimmt: vor allem die Angst zu versagen und dem wachsenden Leistungs- sowie Konkurrenzdruck nicht standhalten zu können (wie schon im Kapitel »Lassen sich Jugendliche überhaupt noch erziehen?«, S. 15, beschrieben).[66]

Häufig deuten Erwachsene die Vermeidungsstrategien der Jugendlichen als Faulenzerei oder Provokation. Wenn man jedoch genauer hinschaut, verbergen sich in vielen Fällen Angst und Stress dahinter. Bis zu 30 Prozent der Jugendlichen leiden heute (körperlich oder psychisch) an Stresssymptomen, ohne dass Eltern das ernst nehmen oder sogar eingreifen.

Jugendliche müssen lernen, den Stress zu bewältigen: etwa indem sie sich durch andere Gedanken ablenken und eine Art Stoppschild im Kopf aufstellen (»Halt, ich muss jetzt an was anderes, an was Schönes denken!«). Darüber zu reden sowie den damit verbundenen Ärger angemessen rauszulassen hilft ebenfalls. Denn dieser Ärger wendet sich sonst irgendwann

---

[66] Siehe ›Frankfurter Rundschau‹ vom 10. 10. 2003, S. 16.

gegen einen selbst oder das Fass läuft an der falschen Stelle über. Stresssituationen sollten im Sinne von Problemsituationen aktiv verändert werden, es sollte aktiv nach Lösungen gesucht werden: Kann ich mein Zeitmanagement verbessern, oder was muss ich grundsätzlich ändern, um Stress zu vermeiden?

Da wir Erwachsene meistens selbst nicht gelernt haben, uns über unsere Gefühle klar zu sein und über sie zu sprechen, können wir hier mit unseren Kindern gemeinsam wachsen und einen guten Umgang mit unseren Gefühlen üben.

Es ist manchmal nicht einfach, die eigenen wie auch die Gefühle anderer auszuhalten. Wenn uns der wütende Ton der Tochter oder des Sohnes verletzt, müssen wir uns abgrenzen und mitteilen, dass wir so nicht angesprochen werden wollen. Sehr oft sind ja auch gar nicht wir daran schuld, dass unsere Tochter oder unser Sohn schlechte Laune hat. Hier fängt die anspruchsvolle Aufgabe für uns Eltern an, nach den tiefer liegenden Gründen solcher Launen zu fragen: Welche der Stimmungsschwankungen sind entwicklungsbedingt und bedürfen unserer Geduld und Gelassenheit, und welche haben andere Ursachen, sodass wir eingreifen müssen? Gerade in den launischen Zeiten des Jugendalters ist es wichtig, dass Eltern ihre eigene gute Laune pflegen.

Beim Abendbrottisch fragt die Mutter freundlich, was die Tochter essen möchte. Diese antwortet schlecht gelaunt: »Mir schmeckt das hier alles sowieso nicht ...« Anstatt sofort zu kontern: »Rede gefälligst nicht in solch einem Ton mit mir«, kann man zugeben, dass diese unfreundliche Reaktion einen verletzt, dass man aber auch sieht: Die Tochter hat gerade echt schlechte Laune. Sicher gibt es bessere Möglichkeiten, Dampf abzulassen, als die Mutter zu beleidigen. In Zeiten, in denen gute Laune vorherrscht, sollte man über solche Situationen reden und gemeinsam überlegen, wie in Krisensituationen alle zum Familienfrieden beitragen können. Jugendliche erkennen im Nachhinein ihre Launen meist selbst: »Ich weiß auch nicht, was manchmal mit mir los ist, aber ich kann dann nicht anders.«

Wie oft entlädt sich Ärger innerhalb der Vertrautheit der Familie, weil Jugendliche ihn nicht in der Schule oder im Freundeskreis ausleben können. Ein Tumult in der Klasse kann genauso Anlass für einen Gefühlsausbruch sein wie Streitigkeiten im Freundeskreis. Durch regelmäßigen Austausch mit unseren Kindern können wir diese Ausbrüche jedoch immer besser einordnen und ihnen sinnvolle Grenzen setzen. Vermutlich liegt es nicht an unserem Mittagessen, wenn unsere Tochter/unser Sohn wutschnaubend das Zimmer verlässt. Oder der Vater streitet zu Hause mit dem Sohn, weil er seinen Ärger im Beruf schon zu lange anstaut.

Immer wieder wird es vorkommen, dass man sich in der Familie durch aufbrausendes Verhalten gegenseitig verletzt. Da ist es manchmal nötig, sich zu entschuldigen. Auch als Mutter oder Vater verliert man nicht an Respekt, wenn man sich für seinen Wutanfall im Nachhinein entschuldigt. Im Gegenteil, wie sollen Jugendliche lernen, um Verzeihung zu bitten, wenn sie es nicht bei ihren Eltern und Vorbildern sehen?

Umgang mit problematischem und risikoreichem Verhalten

Man kann extremes, auffälliges Verhalten Jugendlicher aburteilen, man kann es aber auch als einen Schrei nach Hilfe verstehen. Was verbirgt sich hinter dem provokativen Verhalten der 15-Jährigen? Warum blockt der 13-Jährige alles ab? Das zu fragen ist der erste notwendige Schritt, um so manches Erziehungsproblem zu lösen.[67] Die 15-Jährige schreit vielleicht nach eindeutigeren Grenzen, und der Sohn kommt nicht damit klar, dass der Vater die Familie wegen einer anderen Frau verlassen hat.

Auf keinen Fall sollten Eltern das problematische Verhalten ihrer Kinder einfach hinnehmen oder sogar unter den Teppich kehren.

Provokantes Verhalten oder sogar Gewaltverhalten darf man nicht mit dem Mantel der Liebe zudecken. Es ist auch Liebe, wenn Eltern das auffällige Verhalten ihrer Kinder kritisieren – man muss ja deshalb nicht gleich die ganze Person kritisieren.

Wenn z. B. der große Bruder immer wieder die kleine Schwester schlägt, ist das nicht mehr nur ein harmloser Geschwisterstreit. Dann müssen Eltern eingreifen, deutliche Grenzen setzen und sich gleichzeitig fragen, was sie selbst dazu beitragen können, um die schwierige Situation zu entschärfen. Denn sobald das Verhalten eines Jugendlichen extreme Formen annimmt, übt das großen Druck auf die Familie aus. Gegebenenfalls sollte man sich Rat und Hilfe bei Erziehungsberatungsstellen oder auch bei Kinder- und JugendpsychologInnen holen und so die Eskalation des Risikoverhaltens vermeiden.

Allerdings wirkt ein Jugendverhalten auch manchmal risikoreich auf uns, weil wir es selbst nie kennen gelernt haben. Damit man dies besser einschätzen kann, ist es gut nachzufra-

---

[67] Siehe z. B. in Skinulis Shapiro/Karen Stanley: Das SOS-Elternbuch. Frankfurt/Main: Scherz 2001.

gen, was andere Jugendliche machen und wie andere Eltern das sehen. Manchmal entdeckt man dabei vielleicht, dass es sich bei dem problematischen Verhalten nur um eine einmalige Grenzüberschreitung gehandelt hat, über die man sich eigentlich keine Sorgen machen muss.

Suchtprävention

Immer mehr Kinder kommen bereits in jungen Jahren mit Suchtmitteln in Kontakt. Was also können wir Eltern tun, um unsere Kinder vor Süchten zu schützen? Bei Verboten und Bestrafungen fühlen sich Jugendliche in der Regel unverstanden und in ihrer persönlichen Würde verletzt: »Ich weiß doch selbst, was für mich gut ist.« Eventuell fördern Sie dadurch sogar Trotzreaktionen: »Jetzt erst recht!«

Oft verstehen Eltern unter Suchtgefahr ausschließlich die Gefahr von Drogen, doch auch in anderen Bereichen kann sich Suchtverhalten zeigen: Essstörungen haben deutlich zugenommen wie auch die Computersucht.

Verführungen hält man dann stand, wenn man den Mut hat, Nein dazu zu sagen – selbst wenn das im Freundeskreis anders gehandhabt wird. Wie können wir Eltern unsere Kinder unterstützen, damit sie diesen Mut aufbringen?

- Wenn wir Eltern – wie auch die Bildungseinrichtungen – die persönlichen Bedürfnisse der Heranwachsenden sozial verträglich befriedigen, dann müssen sie dafür nicht auf Rauschmittel, Essen oder anderes Suchtverhalten zurückgreifen.
- Es verleiht unseren Jugendlichen Kraft und Auftrieb, wenn

wir sie so annehmen, wie sie sind, mit ihren Stärken und Schwächen, mit ihren Eigenheiten. Es ist ein menschliches Grundbedürfnis, sich so angenommen zu fühlen, wie man ist, das unterstützt die Selbstannahme und belebt das Selbstwertgefühl. Dann werden Heranwachsende es sich wert sein, Gefahren und Selbstzerstörung unterschiedlichster Art aus dem Weg zu gehen.

- Wenn wir unseren Töchtern und Söhnen zu schönen Erfahrungen und Erfolgserlebnissen verhelfen, fördern wir ihre Lust auf das Leben.

- Bei Problemen können wir unseren Heranwachsenden helfen, eigene Lösungswege zu finden und umzusetzen. Dadurch erleben sie sich nicht als Opfer äußerer Umstände, sondern als eigenverantwortliche Personen, die ihr Leben (auch bei Krisen) selbst meistern können.

- Obwohl Eltern nicht immer gerne das Nein ihrer Kinder hören, so ist es doch ein sehr wichtiges Wort, wenn es um Suchtmittel geht: Beim Fernsehen, am PC, gegenüber leckeren Süßigkeiten, bei Alkohol usw. müssen Menschen Nein sagen können. Das ist nicht immer einfach und auf Dauer reicht das elterliche Nein allein nicht aus. Eltern sind vielmehr aufgefordert, das Nein der Jugendlichen zu fördern und zu akzeptieren. Wenn Lisa Onkels Kuss nicht will, dann muss der Onkel eben darauf verzichten.

- Es gehört auch zur Vorbeugung von Suchtverhalten, wenn Jugendliche ein gutes Verhältnis zu ihrem rasch sich verändernden Körper entwickeln. Während sie selbst ihren Körper oft sehr kritisch betrachten, hilft manchmal eine freundliche Bemerkung: »Ich finde, du siehst heute richtig schön aus.« Oder: »Das große Muttermal am Bein ist ein ganz persönliches und nettes Kennzeichen von dir.«

- Last, but not least sollte man die Jugendlichen ordentlich und fachkundig über die verschiedenen Suchtmittel aufklären. Was wir selbst nicht wissen, finden wir in Fachbüchern, im Internet und bei Suchtberatungsstellen, die nicht nur Süchtigen offen stehen. Auch Bücher wie ›Wir Kinder vom Bahnhof Zoo‹ oder ›Bitterschokolade‹ klären auf. Nicht alle Drogen sind gefährlich, doch Jugendliche sollten ausreichend über die Gefahren Bescheid wissen.

Keine Sorge: Nicht jede/r Jugendliche ist suchtgefährdet, weil er/sie mal mit Drogen in Kontakt gekommen ist. Alkohol, Haschisch und auch eine Zigarette machen nicht gleich abhängig. (Wir selbst waren ja auch mal jung und haben vielleicht irgendwann das eine oder andere ausprobiert.)

Bei großer Unsicherheit sollten sich Eltern nicht scheuen, frühzeitig eine Drogenberatungsstelle oder eine Suchtberatungsstelle aufzusuchen und sich gegebenenfalls hier konkrete Hilfe zu holen. Eltern müssen und können nicht alles allein schaffen.

Ausbildung oder Schule weitermachen?

Über alle Veränderungen in der Pubertät hinaus müssen Jugendliche wichtige Entscheidungen treffen: Sie müssen einen Schulzweig auswählen, der ihren Fähigkeiten und Interessen entgegenkommt, sie müssen bestimmen, ob sie nach dem 10. Schuljahr noch weiter zur Schule gehen wollen oder ob sie eine Lehre machen möchten und welche sie machen können.

Um diese Entscheidungen fällen zu können, müssen Jugendliche ihre Stärken und Schwächen kennen, ein einigermaßen realistisches Selbstbild haben und über die tatsächlichen Möglichkeiten informiert sein.

Eine gute Selbsteinschätzung gewinnen Jugendliche am besten durch viele unterschiedliche eigene Erfahrungen über die Schule hinaus, z. B. durch Berufspraktika, berufsfördernde Maßnahmen, Ferienjobs, Hobbys und die damit verbundenen Rückmeldungen. Auch Gespräche mit ArbeitgeberInnen und BerufsberaterInnen darüber, was die aktuellen Anforderungen und Möglichkeiten im Berufsleben sind, können eine gute Hilfestellung sein.

Ganz gewiss sollten nicht Eltern diese Entscheidung fällen. Auch wenn man sich für seine Tochter/seinen Sohn das Abitur wünscht, weil sie/er damit die besten Berufsaussichten hat, so sollten wir bedenken, dass auch das Abitur keine Garantie für eine Arbeitsstelle ist. Vermutlich hat man die besten Berufsaussichten, wenn man mit seinem Können, mit Engagement und Interesse an einen Beruf herangeht. Diese Motivation entsteht durch das Erleben und Entdecken der eigenen Fähigkeiten im selbstständigen Handeln.

Da Schule und Elternhaus für Jugendliche wichtige Orte der Sicherheit sind, sollten diese im Hinblick auf die lebensrelevante Berufsentscheidung gut kooperieren, sich regelmäßig austauschen und sich mit der/dem Jugendlichen zusammensetzen.

Auch von unseren eigenen Erfahrungen und Entscheidungswegen können wir erzählen: Wie und warum haben wir diesen oder jenen Weg gefunden und welche Berufserfahrungen haben wir gemacht?

Wie Eltern das Lernen unterstützen können

Lernen ist weitaus mehr, als Wissen anzuhäufen. Und Lernen braucht weitaus mehr als Schulunterricht. Neben den schulischen Lernangeboten können auch Eltern das Lernen ihrer Jugendlichen unterstützen.[68] Dazu folgende Leitgedanken:

- Lernen braucht neben altersgerechten Lernangeboten auch Vorbilder (Eltern, LehrerInnen und andere). Kinder und Jugendliche lernen nicht nur durch unsere verbalen Erklärungen. Sie beobachten uns dabei, wie wir arbeiten und lernen und ob wir auch Spaß und Interesse dabei zeigen. Unsere Einstellung zum Lernen, zum Arbeiten prägt unsere Kinder, auch wenn wir nicht viel darüber sprechen.
- Fragen treiben das Lernen voran. Wir Eltern können unsere Kinder durch anregende Gespräche zum Fragen ermuntern. Auch unsere eigenen Fragen können weitere Fragen hervorbringen.
- Bewegung und viele Wahrnehmungen erleichtern das Lernen. Wenn die Jugendliche bei den Hausaufgaben etwas nicht verstanden hat, müssen wir es ihr manchmal aus verschiedenen Blickwinkeln heraus erklären. Und wenn der Sohn während der Hausaufgaben immer wieder aufsteht, ist das nicht ein Zeichen dafür, dass er unkonzentriert ist. Bewegungen regen auch das Denken an.
- Das Gehirn wird durch sinnliche Erfahrungen beweglicher. Medien wie der PC und das Fernsehen reizen die Sinne jedoch nur einseitig. Hinzu kommt, dass Jugendliche beim

---

[68] Praktische Tipps findet man z. B. in ›Focus: Schule‹, Nr. 1/2004.

Fernsehen bzw. Computern nur aufnehmen, nicht aber selbst Einfluss ausüben. Somit lernen sie lediglich, sich auf ihre Wahrnehmung reagierend auszudrücken, nicht aber kreativ gestaltend. Deshalb beim Konsum dieser Medien auf das rechte Maß achten.

- Die Übertragung vom Kurzzeit- ins Langzeitgedächtnis ist eine sehr empfindliche Angelegenheit und wird durch die Aufnahme neuer, starker Reize behindert: Nach dem Lernen sollten Jugendliche also nicht »Der Herr der Ringe« anschauen.

- Emotionen und Kognitionen sind untrennbar miteinander verbunden, wobei Emotionen immer vorangehen. Mut, Humor (der dem Abbau von Ängsten und Sorgen dient), Vertrauen und Herausforderungen erhöhen den Lernerfolg, aber zu viel Stress vermindert ihn. Deshalb unterstützen wir Eltern die Jugendlichen beim Lernen dann, wenn wir ihre Gefühlslage positiv beeinflussen.

- Menschen mit einem hohen EQ (Emotionsquotient) sind im Berufsleben erfolgreicher. In der Familie können wir die emotionale Intelligenz z. B. dadurch fördern, dass wir über Gefühle sprechen sowie Konflikte und Probleme konstruktiv miteinander lösen.

- Jeder Mensch hat sein eigenes Lerntempo und seinen eigenen Lernstil: Deshalb sollten wir auch die unterschiedlichen Lern(um)wege akzeptieren und helfen, dass der Jugendliche seinen individuellen, optimalen Lernweg findet.

- Nachhaltiges Lernen braucht viel Zeit: Man muss selbst ausprobieren und üben können.

- Eine gesunde Lebensführung fördert das Lernen: ausgewogenes Essen in regelmäßigen Abständen, ausreichende Bewegung (auch kinesiologische Übungen) und immer wieder Pausen mit Entspannung. Und man sollte den Tiefschlaf nutzen und vor dem Schlafengehen seinen Lernstoff nochmals angucken, der sich dann besser im Gehirn verankert.

- Äußere Ordnung hilft Jugendlichen, innere Ordnung aufzubauen. Gewohnheiten und Rituale in der Familie helfen – auch Jugendlichen: Gerade das Familienleben stellt eine wichtige Lebensordnung für Kinder und Jugendliche dar. Selbst wenn unsere Gewohnheiten die Jugendlichen manchmal nerven, wissen sie im Grunde, dass das (Familien)Leben geordnet ist.

- Wer lernt, macht auch Fehler, Versuch und Irrtum führen zum Ziel. Leider bewerten wir Fehler oft negativ. Jugendliche haben häufig Angst davor, Fehler zu machen, etwas nicht richtig zu können, anstatt zu sehen, dass sie es einfach *noch nicht* können.

- Kinder und Jugendliche lernen wirksamer und nachhaltiger, wenn sie ihre Fehler selbst überprüfen und selbst korrigieren können. Auch wenn wir einen Fehler entdecken, dürfen wir nicht einfach ungefragt eingreifen, sondern sollten fragen: »Darf ich dir helfen?« Oder: »Willst du meine Hilfe?« – »Nein, ich möchte lieber Papa fragen.«

- Unsere Äußerungen über Leistungen sollen das Selbstwertgefühl der Lernenden stärken, nicht schwächen. Gute Erfahrungen ermutigen zu neuen Schritten, also sollten wir alle jene Anlässe aufzeigen, bei denen die Jugendlichen Fortschritte gemacht haben. Und immer erst beobachten und dann beurteilen.

- Vorsicht, damit aus unseren Erwartungen keine Erwartungshaltung wird, die einen enormen Druck bei den Jugendlichen verursachen kann. Natürlich können wir die Tochter in den Geigenunterricht schicken – ob ihr allerdings dieses Instrument liegt, wird sich zeigen. Manchmal muss man dann eben von seinen Wünschen und Erwartungen Abstand nehmen und die Interessen und Möglichkeiten der Tochter bzw. des Sohnes akzeptieren.

Beispiele typischer Erziehungsfallen

Wie wir gesehen haben, ist Erziehung kein Kinderspiel, und täglich laufen wir Gefahr, in eine Falle zu treten. Damit wir sie möglichst vermeiden, möchte ich zum Abschluss vor einigen typischen Erziehungsfallen warnen.

- Im Familienalltag hat man es mit vielen Themen und Problemen zu tun. Schwierig wird es, wenn Eltern die eigenen Probleme nicht als die eigenen erkennen. Wie oft passiert es, dass man nach der Arbeit nach Hause kommt und sich sofort in einem Streit mit den pubertierenden Kindern befindet? Doch vielleicht reagiert man dabei in Wirklichkeit einen schwelenden Konflikt mit KollegInnen ab.
- Perfektionismus tut einem selbst und auch den Jugendlichen nicht gut. Wie das Zusammenleben in der Familie aussieht, wird von allen Beteiligten geprägt, nicht von Dogmen und engen Vorstellungen Einzelner. Deshalb kann man in der Familie auch nicht alles kontrollieren, sondern muss offen sein und bei Überraschungen Flexibilität beweisen.
- Eltern sollten in wichtigen Erziehungsfragen an einem Strang ziehen. Es verunsichert alle Beteiligten, wenn die Mutter nach einem Streit ihren Sohn erst einmal in sein Zimmer schickt, der Vater dies jedoch wieder rückgängig macht und Mutters Aufregung sogar noch vor dem Sohn belächelt. Woraufhin die Mutter dem Vater klarmacht, dass er sich hier nicht einzumischen habe. Warum sollte in die-

sem Beispiel der Sohn seine Mutter überhaupt noch ernst nehmen?

Hingegen haben Eltern weitaus mehr Erfolg und Einfluss, wenn sie sich gegenseitig bei der Erziehung unterstützen und Diskussionen darüber, ob man den Sohn nach einem Streit in sein Zimmer schicken oder was man sonst tun sollte, nicht vor den Kindern führen. Solche Erziehungsdifferenzen wird es immer wieder zwischen Eltern bzw. Patchwork-Eltern geben. Sie können die Partnerschaft sogar extrem belasten, sodass es wichtig ist, sich in konstruktiven Gesprächen auf gewisse Erziehungsgrundsätze zu einigen.

- Eltern, die Angst vor Fehlern haben, fällt es schwer, Fehler bei sich und ihren Kindern zuzulassen und sie als Chance für Veränderungen zu sehen. Anstatt die Fehler der Kinder wie auch die eigenen partout vermeiden zu wollen und hart mit denen, die sie begangen haben, ins Gericht zu gehen, wäre es wichtig, die Angst abzubauen: »Ich habe etwas falsch gemacht und ich kann es das nächste Mal besser machen.«

- Während Eltern allmählich älter werden und nicht mehr das Gefühl haben, dass ihnen alles im Leben offen steht, blühen unsere Kinder im Jugendalter auf. Da gibt es viele Gelegenheiten zur Eifersucht, die den Blick auf unsere Tochter bzw. unseren Sohn trüben. Und wenn dann der Sohn oder die Tochter einen besseren Schulabschluss schafft, vielleicht tolle schauspielerische Talente entwickelt und uns überholt, ist das nicht immer nur einfach für uns Eltern. Manchmal führt das auch zu Angst und Unsicherheit oder gar dem unbewussten Wunsch, den Erfolg der Tochter/des Sohns zu verhindern: »Du schaffst das doch sowieso nicht.«

- Beleidigungen, Abwertungen und Schläge sind verletzend und einschüchternd: »Hör auf, so frech zu sein, immer willst du das letzte Wort behalten, dabei weißt du doch gar nichts.« Oder: »Ich glaube, du bist zu blöd dazu.« Beleidigungen und Schläge haben weitaus mehr Nebenwirkungen als Erfolgsaussichten.

- Widersprüche und Inkonsequenzen sind eine weitere Erziehungsfalle. Am Morgen erklärt die Mutter dem 13-Jährigen mit Nachdruck, dass er am Nachmittag sein Zimmer aufräumen müsse. Als der Sohn aus der Schule heimkommt, hat die Mutter das Zimmer jedoch bereits aufgeräumt. Warum sollte das der Sohn beim nächsten Mal noch selbst tun?

  Ebenso stiften Doppelbotschaften Verwirrung: »Du kannst mit deinen Sorgen immer zu mir kommen.« – »Ich bin froh, wenn ich endlich mal meine Ruhe habe.«

- Machtkämpfe zwischen Eltern und Jugendlichen führen dazu, dass eine Seite verliert. Sätze, die mit »du musst« beginnen, stoßen in der Regel auf Widerstand. Vielmehr heißt Erziehung Jugendlicher: sie ernst nehmen und mit ihnen einen Konsens aushandeln. Es geht nicht darum, wer der Stärkere ist, sondern was als das Sinnvollste akzeptiert wird.

- Wir können von unseren Kindern keine Anerkennung erwarten, die müssen wir Eltern uns gegenseitig geben oder bei Verwandten oder FreundInnen holen. Wir sollten also die Motivation für unser Handeln überprüfen: Sie sollte in der Erziehung nicht auf dem Werben um Anerkennung beruhen.

- Vorsicht vor dem Etikett »schwarzes Schaf« in der Familie. Es ist ein oft zu beobachtendes Phänomen, dass Gruppen dazu neigen, sich ein schwarzes Schaf, ein Sorgenkind, auszugucken. Oft sind das diejenigen, die »irgendwie anders« sind. Auch in Familien mit mehreren Geschwistern gibt es häufig solche schwarzen Schafe, z. B. den Sohn, der »immer«

der Streithammel ist. Solche Stigmata führen leicht zu sich selbst erfüllenden Prophezeiungen. Deshalb am besten Verallgemeinerungen und Wörter wie »immer« vermeiden.

- Angst vor Konflikten lässt Eltern zögerlich und hoffnungslos wirken. Es ist nicht gut, aus Angst vor einem Streit eine anstehende Auseinandersetzung zu vermeiden und klein beizugeben. Jugendliche entdecken schnell, dass sie nur einen Streit anzudrohen brauchen, um ihren Willen durchzusetzen.

- Streit empfinden Jugendliche manchmal als Interesse und (wenn auch negative) Zuwendung, weil Eltern/Erwachsene dabei konzentriert sind. Unser Interesse können wir jedoch auch positiv zeigen, z. B. durch aufmerksames Nachfragen: »Wie geht es dir?«

- Alltagshektik und eigener Stress halten Eltern davon ab, sich auch noch auf den Stress einzulassen, den die Jugendlichen zu Hause teilweise verbreiten. Zwischendurch mal Kraft tanken ist nötig.

- Wenn die Selbstverwirklichung oder berufliche Karriere der Mutter oder des Vaters an erster Stelle steht, werden die Kinder leicht zu Störfaktoren – schnellstmöglich will man sie dann selbstständig sehen. Doch das Ziel Selbstständigkeit kann auch zur Überforderung der Kinder führen. Denn wir müssen ihnen ja erst zeigen, wie das Leben funktioniert, bevor sie darin ihre Selbstständigkeit zeigen können. Das braucht Zeit, Geduld, Einfühlung und viele Gelegenheiten zum Experimentieren in einer guten Umgebung.

- Jugendliche bleiben unsere »Kinder« – es überfordert sie, wenn wir sie in eine erwachsene Position drängen. Deshalb z. B. nicht alles mit den Jugendlichen ausdiskutieren oder sie sogar als Freundin oder eine Art Partnerersatz betrachten.

Die Beziehung zum 15-jährigen Sohn kann freundschaftliche
Züge haben, jedoch bleibt die Mutter die Mutter und der
Vater der Vater.

- Auch wenn es heißt, in der Erziehung sollte nach Überein-
stimmungen gesucht und alles ausdiskutiert werden, so führen zu viele Worte und der Versuch, alles erklären zu wollen,
nicht immer zum gewünschten Ergebnis: Dann sind vielmehr Taten gefragt.

- Jeder Mensch ist individuell und jeder Mensch möchte in
seiner Einzigartigkeit angenommen werden. Deshalb motivieren die Vergleiche mit Geschwistern oder anderen Gleichaltrigen nicht: »Der Tom geht schon das zweite Mal in die
Jugendfreizeit und du traust dich immer noch nicht.«

- Familienthemen sollten keine Tabuthemen sein: Deshalb
nicht alles in der Familie lassen. Für manche Eltern ist es ein
Tabu, außerhalb der Familie über ihre Sorgen und Probleme
ehrlich zu sprechen. Doch es hilft und eröffnet neue Blickwinkel, sich mit anderen vertrauten Personen auszutauschen.

- Die Erfahrungen und Prägungen aus der eigenen Kindheit
beeinflussen selbstverständlich auch das Erziehungsverhalten, etwa wenn es in der Herkunftsfamilie eine Kontra-Einstellung zur Erziehung gab, wenn man Schmerz aus der
eigenen Kindheit in sich trägt oder wenn man Vorurteile
gegenüber Disziplin und Ordnung aufgebaut hat. Manchmal
braucht auch eine Mutter oder ein Vater Trost und Heilung
und den Mut, die eigene Kontra-Einstellung zu hinterfragen.

- Kinder müssen ihre Eltern irgendwann verlassen – das macht
Eltern Angst. Deshalb schützt und pflegt z. B. die alleinerzie-
hende Mutter noch ihren 17-jährigen Sohn, oder der Vater
findet, dass seine Zwillinge mit 17 noch viel zu jung sind,
um ein Jahr als Austauschschülerinnen nach Amerika zu

gehen. Für Eltern ist die neue Freiheit, wenn die Kinder gehen, nicht immer einfach auszuhalten: Man muss erst wieder üben, für sich selbst zu sorgen, sich selbst zu genügen, und man muss sich auch als Ehepaar daran gewöhnen, wieder zu zweit zu sein.

- Es ist normal, dass Jugendliche Geheimnisse vor ihren Eltern haben – und wenn wir ehrlich sind, wussten unsere Eltern auch nicht alles, was wir als Jugendliche gemacht haben. Schwierig wird es, wenn Eltern die Geheimnisse der Tochter oder des Sohnes als Loyalitätsverletzung ihnen gegenüber deuten und deshalb verärgert reagieren.

- Liebesentzug ist kein cleverer Schachzug: Weil die Tochter nicht mit der Mutter ins Kino gehen will, spricht diese den ganzen Abend nicht mehr mit ihr. Sicher ist man als Mutter bzw. Vater auch mal enttäuscht, wenn die Kinder etwas anders machen, als wir es gerne hätten. Doch auch Eltern müssen ein Nein ihrer Kinder aushalten (lernen): Es macht einen großen Unterschied, ob man sich über die Tatsache ärgert, dass die Tochter keine Lust auf einen gemeinsamen Abend hat, oder ob man aus Enttäuschung seine Liebe zurückzieht und damit die ganze Person ablehnt (»Willst du nicht meine Freundin sein, so habe ich dich nicht mehr lieb.«).

In allen diesen Erziehungsfallen stecken Chancen für Eltern: allen voran die Chance, sich selbst während der Erziehung besser kennen zu lernen und daran zu wachsen. Und genau das entspricht ja Montessoris Verständnis von Erziehung: Erziehung ist ein wechselseitiger, dialogischer Prozess, bei dem sich die Jugendlichen und die Erwachsenen verändern und gemeinsam wachsen.

Grenzen der Montessori-Pädagogik

Jedes pädagogische Konzept hat idealistische Züge und gibt nicht auf alle Fragen der Praxis Antworten. So auch die Montessori-Pädagogik.

Maria Montessori hat ihr gesamtes pädagogisches Werk über Jahrzehnte hinweg in vielen Büchern formuliert. Ihre Sprache ist metaphorisch und ihre Aussagen sind an einigen Stellen widersprüchlich. Außerdem ist ihre Pädagogik in erster Linie für Institutionen – Kinderhäuser und Schulen – konzipiert. Montessori hat sehr wenig direkt zur Familienerziehung gesagt und sie hat nicht einmal ein eindeutiges, praktisches Konzept für den Kinderhaus- und Schulalltag ausgearbeitet. Es bleibt also immer unserer Interpretation und unseren Möglichkeiten in der Praxis überlassen, welche Anregungen und eigenen Konzepte wir aus diesem Modell herausfiltern.

Hinzu kommt, dass Montessoris Erdkinderplan zum Teil altmodisch klingt und utopische Züge trägt. Um ihn umsetzen zu können, sind »Anleihen« aus neueren pädagogischen Konzepten und wissenschaftlichen Erkenntnissen notwendig. Hier streng dogmatisch vorzugehen würde einer kind- und jugendgerechten Erziehung schaden.

Zweifellos beinhaltet Montessoris Pädagogik eine Vielzahl von Anregungen für eine kind- und jugendgemäße Erziehung. Manche ihrer Hinweise oder gar Forderungen sollte man allerdings relativiert betrachten: Z. B. erwartet Montessori von den Erziehenden deutlich, dass sie sich selbst hinterfragen und bereit sind, sich zu verändern (siehe hierzu das Kapitel »Sich vorbereiten«, S. 99). Das ist sicher eine wichtige und richtige Forderung. Doch Vorsicht: Wenn wir jede unserer Handlungen bis ins Detail hinterfragen, ist das nicht nur sehr anstrengend, sondern macht uns auch unsicher. Es ist besser, sich für Spielregeln (also das, was einem wichtig ist) zu entscheiden und sich daran zu halten.

Die Verbreitung der Montessori-Einrichtungen

Montessori-Einrichtungen gibt es seit Jahrzehnten und weltweit. Auch in Deutschland wächst ihre Zahl: Laut einer Erhebung der Deutschen Montessori-Vereinigung (2002) bestehen in Deutschland über 950 Montessori-Einrichtungen: Etwa die Hälfte davon sind Montessori-Kinderhäuser, die andere Hälfte Schulen, zum Teil in privater Trägerschaft. Die meisten Montessori-Einrichtungen befinden sich in Bayern und in Nordrhein-Westfalen. (Finnland, Schweden und die Niederlande verfügen vergleichsweise über ein viel dichteres Netz an Montessori-Einrichtungen.)

Im Sekundarbereich (weiterführende Schulen) gibt es derzeit vier Gesamtschulen und vier Gymnasien in Deutschland, die ausschließlich auf der Basis der Montessori-Pädagogik arbeiten. In Bayern und Nordrhein-Westfalen gibt es weitere ca. fünfzehn Hauptschulen.

Daneben verfügt eine Reihe von weiterführenden Schulen über Montessori-Zweige oder Montessori-Klassen bzw. hat Elemente ihrer Methode übernommen.

Ein Leben für die Erziehung: Maria Montessori

Maria Montessori war eine außergewöhnliche Frau. Ihr Leben lang setzte sie sich weltweit intensiv für Menschheitsfragen ein. Nicht nur ihr großes pädagogisches Werk verdient also Beachtung, sondern es sollte auch ein kurzer Blick auf ihr Leben geworfen werden.

Am 31. August 1870 wurde Maria Montessori in Chiaravalle bei Ancona geboren. Mit großem Aufwand und unter erschwerten Bedingungen promovierte sie 1896 als eine der ersten Frauen Italiens im Fach Medizin und übernahm in Rom eine Stelle als Assistenzärztin an der Psychiatrischen Universitätsklinik. Was sie hier erlebte, brachte sie ihrer späteren pädagogischen Berufung näher.

Sie begegnete geistig behinderten Kindern, die man in einem kahlen Raum untergebracht hatte. Die Wärterinnen beschwerten sich über das »abnorme Fressverhalten« dieser Kinder, denn sie aßen ihr Brot nicht, sondern spielten damit herum. Daran erkannte Montessori, wie groß der geistige Hunger dieser Kinder in dem leeren Raum sein musste. Sie begann, ihnen verschiedene Materialien[69] anzubieten, mit deren Hilfe sie schrittweise an neue Fertigkeiten herangeführt wurden. Manche dieser

---

[69] Nach den Ideen der Franzosen Itard und Seguin, die bereits über hundert Jahre zuvor Materialien entwickelt hatten, um behinderten Kindern (und einem »Wolfskind«) hilfreiche Lernangebote zu machen.

vermeintlich nicht lernfähigen Kinder lernten sogar lesen und schreiben.

Ende des 19. Jahrhunderts übernahm Montessori die Leitung des neu gegründeten Heilpädagogischen Instituts in Rom. Doch 1901 brach sie ihre erfolgreiche Tätigkeit als Ärztin und Leiterin des Instituts ab und studierte Erziehungsphilosophie und Anthropologie. Vermutlich nahm sie dadurch auch Abstand von ihrer Beziehung zu einem Kollegen, aus der ihr 1898 geborener, unehelicher Sohn Mario hervorgegangen war.

Ab 1904 hielt Montessori Vorlesungen an der Universität Rom. Darin verbreitete sie ihre wichtige Grundthese, dass ErzieherInnen die individuellen Eigenschaften eines jeden Kindes verstehen und bei allen erzieherischen Bemühungen berücksichtigen müssten.

Im Jahr 1906 machte man der Pädagogin ein Angebot, das ihrem Leben seine eigentliche Richtung gab. Bauherren hatten in einem neuen Stadtviertel Roms ein Modell für soziales und modernes Wohnen umgesetzt. Für die dort lebenden Kinder, deren Eltern beide berufstätig waren, gab es keine Betreuung und dadurch entstand viel Schaden. So entschloss man sich, für diese ca. fünfzig Kinder zwischen 3 und 6 Jahren eine Tagesstätte einzurichten, und übertrug Maria Montessori die Leitung. Am 6. Januar 1907 wurde Maria Montessoris erstes Kinderhaus in San Lorenzo eröffnet.

Innerhalb kurzer Zeit verwandelten sich durch den Besuch des Kinderhauses die verwahrlosten, schmuddeligen Jungen und Mädchen in freundliche, lernhungrige Kinder. Montessori gab ihnen nämlich nicht nur interessante Materialien in die Hand, sondern unterwies sie auch in Übungen des täglichen Lebens. Bei genauem Hinsehen, so meinte die Pädagogin, zeigten ihr die Kinder ihre Bedürfnisse: Sie beobachtete, mit welcher Freude diese die verschiedensten Tätigkeiten – Schreibübungen, aber auch Schuheputzen – ausübten.

Immer häufiger besuchten bekannte Persönlichkeiten das Kinderhaus und richteten begeistert weitere Kinderhäuser in aller Welt ein.

1909 führte Montessori ihren ersten Ausbildungslehrgang in ihrer Methode durch und veröffentlichte auch ihr erstes Buch: »Il metodo della pedagogica« (Die Methode der wissenschaftlichen Pädagogik). Damit legte sie den Grundstein für eine neue Erziehungslehre, die vom Kind ausgeht und nicht von den Vorstellungen und Erwartungen der Erwachsenen (ähnliche Positionen finden sich auch bei anderen ReformpädagogInnen des 20. Jahrhunderts).

1912 erschien ihr Buch in Amerika, 1913 fand für 87 Interessierte aus aller Welt der erste internationale Ausbildungslehrgang in Rom statt.

1935 formulierte Montessori – über ihre Gedanken zur Kinderhaus- und Grundschulerziehung hinaus – den Erdkinderplan, eine Erfahrungsschule des sozialen Lebens für das Jugendalter.

Maria Montessori reiste sehr viel und hielt Vorträge, die überall mit großer Begeisterung aufgenommen wurden. Menschen unterschiedlichster politischer Richtungen und Glaubenshaltungen schlossen sich ihrer Methode an und gründeten nationale Montessori-Gesellschaften. 1929 erfolgte deren Zusammenschluss zur Association Montessori International (AMI).

Nachdem sie viele Jahre in Barcelona gelebt hatte, zog die Pädagogin 1936 in die Niederlande, wo es bereits zahlreiche Montessori-Kinderhäuser und -Grundschulen gab. In den faschistischen Ländern dieser Zeit war ihre Pädagogik mittlerweile verboten, obwohl sich Montessori selbst einmal Mussolinis Unterstützung für ihre Methode gewünscht hatte.

1939 reiste Montessori nach Indien, wo auch Gandhi und Tagore von ihren Gedanken begeistert waren. Aufgrund ihrer Internierung[70] lebte Montessori bis 1946 in Indien (Kodaikanal) und bildete dort viele LehrerInnen aus. Hier festigte sich für die vormals stark katholisch geprägte Frau die Idee einer kosmischen Erziehung.

Im Jahr 1949 wurde Maria Montessori für den Friedensnobelpreis nominiert.

1952 starb die bekannte Reformpädagogin in den Niederlanden. Ihr Grabstein trägt in italienischer Sprache die Worte: »Ich bitte die lieben Kinder, die alles können, mit mir zusammen für den Aufbau des Friedens zwischen den Menschen und in der Welt zu arbeiten.«

Bis heute wird die Montessori-Pädagogik weltweit erfolgreich praktiziert. Und ihre Grundthesen über die Entwicklung der Kinder und Jugendlichen werden in vielen Punkten von heutigen wissenschaftlichen Erkenntnissen belegt.

---

[70] Als Mussolini mit Hitler einen Pakt schloss, internierte die englische Kolonialmacht in Indien die aus dem faschistischen Italien stammenden BürgerInnen.

Literaturhinweise

Aurin, Kurt (Hg.): Auffassungen von Schule und pädagogischer Konsens. Stuttgart: Verlag für Wissenschaft und Forschung 1983.

Böhm, Winfried: Maria Montessori. Texte und Diskussionen. Bad Heilbrunn: Klinkhardt 1978.

Brezinka, Wolfgang: Grundbegriffe der Erziehungswissenschaft. Analyse, Kritik, Vorschläge. München: Reinhardt 1974.

Elkind, David: Zwei entwicklungspsychologische Ansätze: Piaget und Montessori. In: Psychologie des 20. Jahrhunderts, Band VII. Zürich 1978.

Fähmel, Ingrid: Zur Struktur schulischen Unterrichts nach Maria Montessori. Frankfurt/Main: Peter Lang Verlag 1994.

Focus: Schule. Heft 1, Herbst 2004.

Frankfurter Rundschau, Nr. 236, 10. 10. 2003, S. 16.

Fromm, Erich: Die Kunst des Liebens. München: Deutscher Taschenbuch Verlag 1995.

Fuchs, Helmut/Huber, Andreas: Die 16 Lebensmotive. Was uns wirklich antreibt. München: Deutscher Taschenbuch Verlag 2002.

GEO, Heft 4/2004: »Was ist die ideale Erziehung? Neue Forschungen: Was Eltern besser machen können«.

Goleman, Daniel: EQ: Emotionale Intelligenz. München: Deutscher Taschenbuch Verlag 1997.

Gordon, Thomas: Familienkonferenz. Die Lösung von Konflikten zwischen Eltern und Kind. München: Heyne 1989.

Guggenbühl, Allan: Pubertät – echt ätzend. Gelassen durch die schwierigen Jahre. Freiburg: Herder Spektrum 2001.

Holstiege, Hildegard: Erzieher in der Montessori-Pädagogik. Freiburg: Herder 1991.

Hugo-Becker, Annegret/Henning Becker: Psychologisches Konfliktmanagement. Menschenkenntnis – Konfliktfähigkeit – Kooperation. München: Deutscher Taschenbuch Verlag 2000.

Kramer, Rita: Maria Montessori. Biografie. Frankfurt/Main: Fischer 1995.

Ludwig, Harald: Montessori-Schulen und ihre Didaktik. Mit Beiträgen zur Didaktik in Montessori-Grundschulen. Baltmannsweiler: Schneider Verlag Hohengehren 2003.

Meisterjahn-Knebel, Gudula: Montessori-Pädagogik in der weiterführenden Schule. Der »Erdkinderplan« in der Praxis. Freiburg: Herder 2003.

Montessori, Maria: »Die Freiheit muss aufgebaut werden«. In: Montessori-Werkbrief, 23. Jg., Heft 4/1985, S. 122–126.

–: Kinder, die in der Kirche leben. Freiburg: Herder 1964.

–: Kinder sind anders. München: Deutscher Taschenbuch Verlag 1987.

–: Kosmische Erziehung. Freiburg: Herder 1988.

–: Schule des Kindes. Montessori-Erziehung in der Grundschule. Freiburg: Herder 1995.

Montessori-Landesverband Bayern: Das gemeinsame Schulkonzept. München Juni 2002.

Raapke, Hans Dietrich: Erdkinder. Vorschläge für die Praxis. Oldenburg 1998.

–: Montessori heute. Eine moderne Pädagogik für Familie, Kindergarten und Schule. Reinbek: Rowohlt Taschenbuch Verlag 2001.

Rogge, Jan-Uwe: Pubertät – Loslassen und Halt geben. Reinbek: Rowohlt Taschenbuch Verlag 2001.

Sächsisches Staatsministerium für Kultur (Hg.): Nachdenken über Schule. Dresden 2001.

Schulz von Thun, Friedemann: Miteinander reden, Bd. 1: Störungen und Klärungen. Reinbek: Rowohlt Taschenbuch Verlag 2001.

Shell-Studie: Jugend 2000. Opladen: Leske und Budrich 2000.

Spiegel spezial, Nr. 4/2003: »Die Entschlüsselung des Gehirns«.

Stern, Nr. 48/21. 11. 2002: »Wahnsinn Pubertät«.

Stern, Nr. 9/2004: »Besser lernen«.

Strauch, Barbara: Warum sie so seltsam sind. Gehirnentwicklung bei Teenagern. Berlin: Berlin Verlag 2003.

Watzlawick, Paul: Wie wirklich ist die Wirklichkeit? Wahn – Täuschung – Verstehen. München: Piper 1978.

Wild, Rebecca/Mauricio Wild: Erziehung zum Sein. Erfahrungsbericht einer aktiven Schule. Emmendingen: Arbor-Verlag 1995.